CHAMBRE DE COMMERCE DE PARIS.

——

ANALYSE SUCCINCTE

DES

DÉLIBÉRATIONS

De la Chambre de Commerce de Paris,

SUR LES PRINCIPAUX OBJETS SOUMIS A SON EXAMEN, ET CLASSÉS PAR ORDRE ALPHABÉTIQUE
DEPUIS SA CRÉATION EN 1803, JUSQU'A LA FIN DE L'EXERCICE 1836.

Paris.

IMPRIMERIE DE VINCHON,
rue Jean-Jacques Rousseau, n° 8.

——

1838.

Messieurs,

Honoré des bontés et de la confiance de la Chambre de Commerce de Paris depuis l'époque de sa création, j'ai osé me flatter qu'elle agréerait, comme une preuve de mon dévouement et de ma gratitude, et ne regarderait pas comme inutile, le travail dont j'ai l'honneur de lui faire hommage.

Ce travail consiste en une analyse succincte des délibérations de la Chambre sur les principales matières soumises à son examen depuis 1803 jusqu'à la fin de 1836.

Il embrasse trente-trois années.

L'ordre alphabétique, suivi pour le classement des matières, et la table qui précède ce recueil faciliteront à la Chambre la recherche des opinions précédemment émises sur des questions qui, de nouveau, se reproduiraient devant elle.

> J'ai l'honneur d'être avec respect,
> Messieurs,
>
> Votre très humble et très obéissant serviteur,
>
> **Ch. BRUNET.**

Paris, le 4 octobre 1837.

Table Alphabétique.

ANALYSE SUCCINCTE

DES

DÉLIBÉRATIONS

De la Chambre de Commerce de Paris,

SUR LES PRINCIPAUX OBJETS SOUMIS A SON EXAMEN, ET CLASSÉS PAR ORDRE ALPHABÉTIQUE DEPUIS SA CRÉATION EN 1803, JUSQU'A LA FIN DE L'EXERCICE 1836.

ACCEPTATIONS.

29 *Fructidor an* xi.

Le premier projet de Code portait (art. 84) : *L'acceptation délivrée est irrévocable.* Dans la révision, on a fait disparaître le mot *délivrée.*

Le Code, passé en loi (art. 125), a accordé à l'accepteur vingt-quatre heures pour délivrer ou refuser l'acceptation. Les art. 121, 122, engagent l'accepteur par sa seule signature au bas du mot *accepté ;* il est même énoncé que l'accepteur n'est pas *restituable,* quand même le tireur aurait failli à son insu avant qu'il ait accepté.

La Chambre est d'avis que ce système des législateurs ne doit être applicable qu'à l'acceptation *délivrée* : que le délai de vingt-quatre heures, accordé à l'accepteur, doit lui profiter en entier; que l'instant où il souscrit l'acceptation d'une lettre de change, qu'il a le droit de conserver vingt-quatre heures, n'est qu'une affaire intérieure et personnelle ; qu'il n'y a pas contrat en l'absence des parties ; que le contrat n'est entier que quand il y a tout à la fois signature et délivrance au porteur.

Ses motifs sont : qu'il y a rigueur extrême à ne pas permettre à un négociant (qui, dans l'intervalle de sa souscription au bas d'une traite à sa délivrance, apprend la faillite de son tireur) de biffer sa signature.

Que cette rigueur est d'autant plus impolitique que son exécution ne peut être assurée, puisqu'un accepteur, dans cette hypothèse, pourra enlever la place, brûler même en entier la traite, plutôt que de se constituer créancier d'un failli.

Une objection se présente :

Un dépositaire de mauvaise foi pourrait, dit-on, d'intelligence avec l'accepteur, lui rendre sa signature, devenue la propriété d'un tiers.

On répond que s'il y a eu refus d'acceptation, un protêt a constaté ce refus et constaterait aussi la mauvaise foi du dépositaire.

AGENS DE CHANGE,

EN CE QUI CONCERNE LES EFFETS PUBLICS.

9 et 16 *Messidor an* XIII.

Le scandale de plusieurs faillites d'agens de change provoque une délibération de la Chambre.

Regardant comme illusoire le moyen proposé par les agens de change, de les soumettre à la contrainte par corps pour l'exécution des marchés d'effets publics par eux souscrits, la Chambre ne voit de garantie que dans l'application du principe qui réduira ces agens au rôle qui seul leur appartient : celui d'intermédiaire des opérations du commerce.

Elle vote également l'interdiction des marchés à prime.

Le système qui rend l'agent de change garant dans la transaction qu'il négocie fait de cette négociation un mystère, laisse aux joueurs la faculté de rester sous le masque, et aux agens de change la liberté de se passer de cliens, et de se faire spéculateurs privilégiés, intéressés à sacrifier à leur propre spéculation l'intérêt de leurs commettans.

Le Trésor n'y gagne rien ; il ne peut qu'y perdre. Le crédit public doit-il dépendre de joueurs à grosse aventure ?

Autant vaudrait que les notaires traitassent en leur propre nom des ventes d'immeubles sans faire paraître les contractans : les maisons et les terres seraient bientôt jetées dans le fléau de la hausse et de la baisse, le système du droit de la propriété interverti.

Les agens de change prétendent qu'il se ferait moins de marchés s'ils faisaient connaître les contractans, et qu'ils se créeraient de nombreux concurrens auprès de leurs commettans. Est-ce donc pour créer au profit des agens de change le plus fort impôt possible sur les fortunes mobilières que l'État a émis des rentes ? Est-ce l'intérêt du public ou celui des agens de change qu'il faut consulter ?

On a élevé beaucoup de plaintes contre les marchés à terme, mais tous les argumens tombent devant ce fait : que les empêcher est impossible.

La loi qui les annulerait ne serait donc favorable qu'à la mauvaise foi, qui s'en prévaudrait en cas de perte.

L'achat *à terme* d'effets publics n'est dangereux que lorsqu'il est enveloppé d'un voile ; il est aussi licite que celui d'une balle de coton.

De la discussion de la Chambre sort un projet ainsi conçu :

ART. 1er. « Tous achats ou ventes de fonds publics et autres effets » ou actions, dont la propriété s'acquiert par la voie d'un transfert » d'un compte à un autre, ne peuvent être faits que par l'entremise » d'un agent de change, qui certifie la signature du vendeur. »

ART. 2. « L'agent de change qui aura conclu une vente ou un » achat de fonds publics *au comptant* est tenu de délivrer dans le » jour à son commettant un arrêté énonçant l'objet vendu et son prix ; » il doit signer cet arrêté et garder, en ce cas, le secret de l'autre » partie, à moins qu'à ce sujet il ne s'élève une contestation. »

ART. 3. « Les agens de change chargés de l'achat ou de la vente » de fonds publics, livrables ou payables à terme, sont autorisés à » négocier ces marchés hors de la Bourse comme ceux de tout au-» tre objet, et tenus de nommer aussitôt les commettans par l'ordre » desquels ils agissent à ceux avec lesquels ils contractent.

ART. 4. « Un marché de fonds publics à terme n'est conclu que
» lorsque l'acheteur est agréé par le vendeur, et le vendeur par l'a-
» cheteur. »

ART. 5. « Les marchés à terme de fonds publics, lorsqu'ils sont
» proposés ou même convenus à la Bourse entre les agens de change,
» ont besoin d'être ratifiés par les parties intéressées. L'agent de
» change est tenu de remettre dans les vingt-quatre heures, à son
» commettant, un engagement signé par le vendeur ou l'acheteur
» avec lequel le marché a été fait. L'engagement énoncera l'objet
» vendu, son prix, les termes de la livraison et du paiement ; il sera
» ratifié par l'agent de change. »

ART. 6. « Dans aucun cas un agent de change ne peut être ga-
» rant de l'exécution des marchés dans lesquels il s'entremet. »

ART. 7. « Tous marchés de fonds publics, pour lesquels on n'aura
» pas rempli les formalités ci-dessus prescrites, sont nuls et de nul
» effet. »

ART. 8. « Tous marchés de fonds publics, dont l'exécution dé-
» pendrait de la volonté de l'un des contractans, soit au moyen
» d'une prime donnée ou reçue, soit sous toute autre dénomination
» quelconque, sont prohibés. »

ART. 9. « Toutes contraventions aux dispositions énoncées dans
» les articles précédens entraînent, contre chacun des contractans,
» une amende qui ne peut être moindre de 3,000 fr. ; et contre l'a-
» gent de change, la destitution et une amende de 6,000 fr. au
» moins. »

Tous arrêtés, réglemens et ordonnances, publiés sur le sujet des
négociations d'effets publics, sont abrogés en ce qui serait contraire
aux articles ci-dessus.

NOUVELLES FAILLITES D'AGENS DE CHANGE, NOUVELLE ÉTUDE ET NOUVEAU RAPPORT.

21 *Juillet* 1809.

Les agens de change constatent le cours des effets publics.

Qu'est-ce que des témoins qui peuvent être parties? Des intermédiaires qui peuvent être concurrens, intéressés à vous induire en erreur ?

L'agent de change qui tait le nom de son commettant ne donne pour garantie que lui-même ; peut-être agit-il pour son propre compte ; ou s'il agit en effet pour un commettant, il peut s'en voir abandonné par insolvabilité ou mauvaise foi, ou bien alléguer ce fait d'insolvabilité sans qu'il existe, et masquer ainsi sa propre infidélité.

On a objecté contre l'obligation de faire agréer l'acheteur et le vendeur l'un par l'autre, que le délai de vingt-quatre heures, amenant des variations, le contractant pour lequel la chance serait devenue onéreuse refuserait l'autre.

Cette considération est forte.

Cependant le plus grand mal est de mettre des aventuriers à portée de jouer à coup sûr, de *prendre*, quand il y a *hausse*, l'argent du spéculateur honnête, et de fuir ou de désavouer l'agent de change quand il y a *baisse*.

L'essentiel est que cet intermédiaire ne puisse être ni tentateur ni victime.

Voici le remède :

Assimiler la vente ou l'achat à terme des effets publics à celui des marchandises, et permettre aux agens de change de les régulariser hors de la Bourse dans les maisons mêmes des parties intéressées.

Le cours n'en sera pas moins facile à coter, les agens de change déclarant au comité celui de leurs opérations faites avant la Bourse.

Les articles du précédent projet sont en conséquence ainsi modifiés :

ART. 2. « L'agent de change qui aura conclu une vente ou un » achat de fonds publics au comptant est tenu de délivrer, dans le » jour, à son commettant, un arrêté énonçant l'objet vendu et son » prix ; il doit signer cet arrêté et garder, en ce cas, le secret de l'au- » tre partie, à moins qu'à ce sujet il ne s'élève une contestation. »

ART. 3. « Les agens de change, chargés de l'achat ou de la vente » de fonds publics, livrables ou payables à terme, sont autorisés à » négocier ces marchés hors de la Bourse, comme ceux de tout au-

» tre objet, et tenus de nommer aussitôt les commettans par l'ordre
» desquels ils agissent à ceux avec lesquels ils contractent. »

ART. 4. « (Conservé.) »

ART. 5. « Les marchés à terme de fonds publics, lorsqu'ils sont
» proposés ou même convenus à la Bourse entre les agens de change,
» ont besoin d'être ratifiés par les parties intéressées (le surplus de
» l'article conservé). »

ART. 6. « (Également conservé.) »

ART. 7. « Les syndics des agens de change sont responsables de
» l'exécution des lois qui ont déterminé les conditions nécessaires
» pour entrer dans leur Compagnie, et pour y rester; ils sont tenus
» de réclamer cette exécution devant l'autorité supérieure, à peine
» de 6,000 fr. d'amende contre les syndics et de 3,000 fr. contre
» chacun des adjoints. »

La Chambre au surplus demande la réduction graduelle des agens
de change au nombre de 60.

27 Avril 1831.

Les faillites répétées d'agens de change éveillent l'attention sur les
risques que fait courir au public l'obligation de déposer en leurs
mains les inscriptions qu'il vend au comptant, pour n'en toucher le
produit que plusieurs jours après.

On a proposé comme remède :

1° De constituer le syndicat en bureau central pour recevoir les
valeurs et en être garant; 2° de créer à cet effet une caisse particulière; 3° de rétablir les agens de change dans leur rôle de simples intermédiaires, en mettant les acheteurs et les vendeurs en présence
(sauf le cas de confiance volontaire du vendeur), et d'insérer dans
les feuilles du transfert une clause résolutoire, à défaut de paiement
à présentation, du certificat de transfert.

Observations. 1° Cette marche compliquée ralentirait les opérations; 2° il est difficile de mettre en présence des acheteurs et des
vendeurs qui fréquemment ne se connaissent pas, et l'on perdrait
ainsi la responsabilité de l'agent de change; les risques seraient à

peu près les mêmes en cas de fortes variations sur les cours, et de nombreux procès en seraient la conséquence.

Réplique. Le risque alors porterait sur la différence; dans le système actuel, c'est le capital tout entier qui est compromis.

23 *Mars* 1833.

Consultée par le Ministre sur le projet de formation d'une caisse centrale des agens de change, la Chambre y objecte que, facultative, elle ne recevra de versemens de personne en temps ordinaire ; et que, dans les temps de crise, cette caisse exigerait un cautionnement, des contrôles, tout un échafaudage administratif, sans pouvoir suffire à l'invasion du public.

Un autre moyen a été offert et semble préférable : il consiste à rendre la Compagnie responsable pendant cinq jours des opérations des agens de change qui lui auront été déclarées par les parties contractantes. Un membre objecte à ce plan l'impossibilité, pour l'agent de change, qui, tour à tour, serait chargé de recevoir ces déclarations, de constater l'individualité des contractans.

3 *Avril,* proc.-verb.; 11 *Avril* 1833, correspondance.

Moyens de garantie proposés au Ministre :

1° Chaque agent de change sera tenu de délivrer à ses cliens un récépissé des fonds ou des valeurs qui lui seront déposés;

2° Ces récépissés produits, enregistrés et échangés contre un reçu du syndicat des agens de change, engageront la responsabilité de leur Compagnie pendant un délai déterminé;

3° Ces récépissés (imprimés) des agens de change porteront en marge une note qui avertira le porteur de la faculté qu'il a d'engager la Compagnie temporairement, en les faisant enregistrer par le syndicat sur un livre *ad hoc;* il lui sera délivré un bulletin indiquant le numéro de cet enregistrement ; et vingt-quatre heures après, le récépissé, revêtu du visa servant de garantie pendant trois jours francs non fériés pour les effets au porteur, et pendant cinq jours francs non fériés pour les effets nominatifs, à partir de la date du visa. Ce délai expiré, la Compagnie sera déchargée de la garantie, si elle n'a pas été mise en demeure (*voy.* au registre des Correspondances, t. VI, f⁰ 395 v⁰, le modèle de ces récépissés).

4° Assimilation du prix de vente des charges au capital du cautionnement, pour la garantie des frais de charge en matières d'opérations au comptant.

23 *Septembre* 1820.

Réponse au Ministre de l'Intérieur et plaintes sur ce que le choix des agens de change n'a plus d'autres bases que l'enchère mise au titre.

27 *Août* 1824.

Remarque au sujet d'un arrêt qui déclare que la signature du transfert d'une rente en constate la propriété. C'est une fausse application d'un principe juste ; car le paiement ne peut s'effectuer dans le bureau des transferts, comme il a lieu chez les notaires pour d'autres acquisitions.

AGENS DE CHANGE

EN CE QUI CONCERNE LA NÉGOCIATION DU PAPIER DE COMMERCE.

26 *Mars* 1806.

Plaintes de vingt-une maisons de banque et de commerce contre l'abandon par les agens de change de la négociation du papier de commerce.

Demande d'une création de courtiers de change.

La Chambre appuie ce projet.

Les agens de change, dit-elle, s'occupent presque exclusivement du parquet, parce que le droit de courtage est plus fort qu'en affaires de banque ;

Que les négociations en fonds publics roulent sur des capitaux plus considérables ;

Que ces opérations sont moins pénibles ;

Parce que n'étant pas tenus de nommer leurs commettans, ils peuvent opérer pour leur propre compte.

Il est urgent d'y pourvoir, surtout depuis la suppression des commis principaux, dont la plupart ne dédaignaient pas de servir le Commerce.

Les marrons, auxquels il est forcé d'avoir recours, ne lui offrent aucune garantie.

Deux moyens s'offrent :

L'un serait le rétablissement des commis principaux, avec ces trois modifications :

1º Que le commis principal serait, en cas d'absence ou de maladie, apte à recevoir la procuration de son agent de change ;

2º Qu'il ne serait révocable que pour fait de contravention ou d'infidélité constatée ;

3º Que la révocation d'un commis principal le rendrait incapable de devenir agent de change.

Les commis principaux ont cela d'utile qu'ils forment école et pépinière d'agens de change instruits.

Le second moyen, préférable, est la création d'agens secondaires, sous le titre de *Courtiers de change,* qui, au nombre de quarante, avec un cautionnement de 25,000 fr., exclus du parquet et de la négociation des effets publics, partageraient avec les agens de change la négociation des effets commerciaux que ces derniers négligent, semblent dédaigner, et sont peut-être forcés de négliger pour courir des chances de bénéfices plus proportionnées à la somme de leur cautionnement et au prix de leurs charges.

27 *Septembre* 1810.

Même abandon du change de papier ; mêmes plaintes ; nouveaux rapports reproduisant une partie des motifs exposés dans le précédent et y ajoutant les suivans :

En temps ordinaire la place de Paris a besoin au moins de trente agens voués exclusivement aux affaires de change.

Augmenter le nombre des agens de change n'atteindra jamais le but, parce qu'ils courront toujours de préférence aux affaires du parquet.

Comme agens négociateurs des papiers de l'État, les agens de change sont de véritables officiers publics ; comme intermédiaires des opérations de commerce, ils n'ont besoin ni d'un caractère ni d'une garantie semblables : moralité, expérience, activité, c'est tout ce qu'on leur demande. Les moins riches seront les meilleurs, car ils se donnent plus de peine et n'ont pas d'argent à faire valoir pour eux-mêmes.

La Chambre a cherché à s'entendre avec les agens de change eux-mêmes sur le remède applicable aux plaintes du Commerce ; mais elle n'a trouvé dans cette Compagnie que disposition à défendre ses *droits* et *priviléges.* Tout ce qu'elle semble disposée à concéder, c'est le rétablissement de commis principaux dépendant d'eux, ne pouvant signer et révocables à leur volonté, sans influence sur leur choix ni de la part du Gouvernement, ni de la part du Commerce, qui y est le plus intéressé.

Le seul moyen est donc une création de courtiers de change au nombre de vingt-cinq, versant un cautionnement égal à celui des courtiers de commerce, nommés sur la présentation du Commerce, représenté par un jury.

23 Avril 1816.

Nouveau rapport tendant à la création de courtiers de change et de *matières d'or et d'argent,* mais en nombre illimité.

Cette création, dit le rapport, ne pourrait être faite que par une loi.

24 Décembre 1818.

A la suite d'une crise, la Compagnie des agens de change propose et fait imprimer un projet de réglement.

Consultée par le Ministre, la Chambre trouve ce réglement incohérent, en opposition avec les lois dont il usurpe le domaine, et n'offrant au public aucune des garanties qui lui sont nécessaires.

La Chambre croit la circonstance défavorable, demande l'ajournement et promet d'y revenir plus tard.

7 Juillet 1830.

(Proc.-verb., tom. V, pag. 134.)

La Chambre de Commerce de Lille demande si un négociant, traitant avec un autre négociant une affaire de change, est obligé de faire intervenir un agent de change. La Chambre répond que la capitale n'offre aucun fait analogue à cette question, puisque nul agent de change ne s'y occupe de cette nature de négociations, à moins qu'il ne soit preneur pour son compte; et que dès lors ce service y est exclusivement, mais forcément, exécuté par des marrons.

Qu'au surplus les art. 76 et 77 du Code de commerce créent, en faveur des agens de change, pour la négociation des effets publics, un privilége exclusif de tous autres intermédiaires; mais qu'il ne semble ni naturel, ni juste que ce privilége impose aux contractans l'obligation de faire intervenir un tiers dans la négociation dont ils traitent directement.

Octobre 1830.

(Proc.-verb., tom. V, pag. 150.)

Plaintes des négocians de Boulogne sur l'inexactitude des cours de change publiés par MM. les agens de change. La réponse leur fait connaître l'inutilité des démarches qui ont été faites pour y porter remède.

(Pag. 103.)

En ce qui concerne l'inexactitude du cours des retraites, un rapport de M. Vernes est transmis à M. le Procureur général. Ce rapport fait remarquer que, d'après l'art. 181 du Code de commerce, la certification peut avoir lieu sur la signature de deux négocians, concurremment avec les agens de change.

Juin 1827.

La Chambre, attendu que les agens de change ne peuvent connaître les cours réels, demande qu'ils ne soient imprimés que comme renseignement sans garantie. Le 27 juillet, refus par le Ministre.

(Proc.-verb., tom.V, pag. 418.)

Par suite de nouvelles plaintes sur le même sujet, un membre propose d'avertir les Syndics des conséquences graves qui résultent, particulièrement pour le petit commerce, de la légèreté avec laquelle les agens de change (complètement étrangers par le fait à la négociation du papier de commerce, bien qu'ils ne veulent point renoncer, à cet égard, au privilége que la loi leur accorde) s'en rapportent, pour l'affirmation du cours des retraites, à des tiers qui ont souvent abusé de leur confiance. Un membre fait observer que le produit peu important de ces certificats est mis dans une bourse commune; il croirait en conséquence utile que cette fonction fût confiée à quelques membres seulement de la Compagnie. Ce seront (répond un membre) de pures machines à signature.

5 *Mars* 1834.

(Corresp., tom. V.)

Nouvelles instances près du Ministre pour la création d'agens spéciaux pour la négociation du papier de commerce.

16 *Avril dernier.*

Les courtiers, informés de cette démarche de la Chambre, demandent communication du rapport. La Chambre y consent; mais soupçonnant que la Compagnie a le dessein de se faire attribuer cette mission, et ne voulant pas faire abolir un privilége pour en créer un autre, met à cette communication une condition : c'est celle d'être informée des démarches que les courtiers croiraient devoir faire à ce sujet.

11 *Juin* 1834.

Le Ministre du Commerce repousse péremptoirement la demande d'une création d'agens en nombre illimité pour la négociation des papiers de commerce. La Chambre considère ce refus comme un déni de justice, attendu que la loi sur laquelle on le fonde peut être réformée par une loi nouvelle dont le Gouvernement a l'initiative ; elle charge une commission de rédiger à cet égard un nouveau rapport, qui, transmis au Ministre, demeure sans réponse.

AMIDONS.

6 *Fructidor an* XI.

Leur sortie ne doit jamais être entravée, attendu qu'ils se fabriquent avec la partie amilacée du blé que la fermentation n'a pu détruire.

AGENS DE CHANGE

ESCOMPTANT LE PAPIER POUR LEUR PROPRE COMPTE.

27 *Septembre an* XV.

Divers agens de change, chargés de la négociation des effets de commerce, se mettent sur le pied de ne point prendre d'aval des preneurs ; et par ce moyen opèrent pour leur propre compte, en faisant endosser ces effets par des hommes de paille, portiers ou autres, et payer à leur propre caisse.

Par là ils se rendent maîtres des cours.

Par là aussi ils compromettent à l'étranger les maisons de Paris les plus respectables, en accolant leurs noms à des signatures postiches.

Par là encore ils exposent le Commerce étranger à prendre du papier sans valeur, trompé qu'il peut être par l'importance qu'il attribuerait à ces mêmes noms qu'il s'est habitué à trouver à la suite des noms les mieux famés.

A cet abus grave, la Chambre n'aperçoit nul remède légal ; c'est au Commerce lui-même à y mettre un terme, en renonçant à l'habitude, sans doute très commode, d'un paiement instantané chez les agens de change, et en exigeant d'eux la remise d'un aval des preneurs.

ARBITRES PRUD'HOMMES A LA BOURSE.

8 *Fructidor an* XI.

(Proc.-verb., tom. I, pag. 5o.)

L'art. 51 du projet du Code créait dans chaque Bourse un bureau d'arbitres, chargés de statuer immédiatement sur les difficultés qui s'élèvent en Bourse, et de requérir au besoin la force publique pour le maintien de l'ordre. La Chambre, en applaudissant à cette institution, redoutait des difficultés d'exécution, et même des inconvéniens si les arbitres nommés par le Commerce constituaient une sorte de tribunal dont on ne pourrait attendre un service constant et régulier, et qui porterait d'ailleurs atteinte au choix des arbitres par les parties. Elle s'arrête à l'opinion que les arbitres seront pris sur une liste dressée d'avance par le Commerce, mais sans préjudice du droit des parties de choisir elles-mêmes leurs arbitres.

9 *Mai* 1813.

Le Ministre des manufactures et du commerce, adoptant cette idée, invite la Chambre à désigner deux de ses membres pour remplir cette fonction; elle désigne MM. Martin, Puech et Chevals (proc. verb., *voy.* Bourse).

Le Ministre a informé de cette décision les agens de change et les courtiers; il révoque sa décision en ce qui concerne les agens de change, et demande réponse aux objections présentées par les courtiers.

La Chambre réplique par une renonciation formelle à l'une comme à l'autre surveillance.

ARMATEURS. LEUR RESPONSABILITÉ.

(Proc.-verb., t. V, p. 478.)

Nonobstant l'art 216 du Code de commerce, la Cour de cassation a décidé que l'armateur était responsable de tous les faits du capitaine qu'elle a considéré comme mandataire.

Il n'y a point là *simple mandat*, puisque le choix de l'armateur est limité aux marins brevetés par l'État, et qu'en cas de décès d'un capitaine en voyage, il est remplacé par des hommes étrangers, peut-être inconnus aux armateurs. Le Ministre sera prié d'y pourvoir lors de la révision du Code.

ASSURANCES MARITIMES PAR LES COMPAGNIES ÉTRANGÈRES.

(Proc.-verb., tom. V, pag. 372, 377, 402.)

Les compagnies d'assurances françaises se plaignent de ce que les agens des compagnies étrangères viennent opérer en France à leur préjudice.

Une commission conclut à ce qu'il soit sollicité une disposition légale qui impose des peines à tout agent opérant en France au nom d'une société, soit française, soit étrangère, si elle n'est pas autorisée par le Gouvernement, et qui défende aux courtiers de servir d'intermédiaires à ces opérations.

Cette proposition est combattue par deux motifs : le premier, qu'en principe, la loi ne doit point exercer de tutelle restrictive à l'égard d'un commerçant libre de placer sa confiance où il lui plaît ; le deuxième, que sous le rapport diplomatique, nous ne pouvons imposer aux étrangers des restrictions dont nous nous affranchissons nous-mêmes, puisqu'il est de fait que le commerce français prend part aux opérations d'assurances qui se traitent à l'étranger.

La Chambre, sans se prononcer, transmet au Ministre les plaintes dont elle a été saisie. Le Ministre, conformément à l'avis du Conseil Général du Commerce, se refuse à changer la législation existante.

BOURSE DE COMMERCE.

19 *Prairial an* XII.

(Proc.-verb., vol. I, pag. 108.)

Reconnaissant que, pour tout ce qui a le caractère de violation de l'ordre public, l'intervention de la police est nécessaire, la Chambre,

pense que l'autorité du commissaire de police doit être resserrée dans
cette limite; mais que tous autres débats doivent être soumis à
un commissaire du Préfet de la Seine, qui est investi d'une partie
des attributions de l'ancien prévôt des Marchands.

BANQUE DE FRANCE.

15 *Janvier* 1806.

(Proc.-verb., tom. II, pag. 83, 85, 90, 91, 92, 93, 95.)

Mémoire communiqué à la Chambre par un de ses membres, qui
le publie en son nom seul. Ce mémoire, contraire aux vues du Gouvernement, pose en principe que la Banque doit être complètement
indépendante : qu'elle peut employer en valeurs de l'État une partie de sa réserve en numéraire qui se trouverait excéder les besoins
du remboursement de ses billets ; mais jamais ne porter de secours
au Trésor en billets-monnaie, parce qu'augmenter leur circulation
c'est multiplier les chances de demandes de remboursement.

Rejet d'un projet de Caisse d'Escompte analogue au système de la
Banque de Hollande, qui fait le service des dépôts et n'escompte
point.

BOUCHERIE DE PARIS.

9 *Avril* 1823.

Rapport appuyé sur de nombreux renseignemens recueillis dans
les départemens, et concluant : 1° à l'illimitation du nombre des
bouchers, mais graduellement amenée par des augmentations successives d'année en année ; 2° à l'ouverture du marché de Sceaux deux
fois par semaine ; 3° à l'abolition du Syndicat ; 4° au maintien du
cautionnement pour garantie des contraventions aux réglemens de la
police de ce commerce.

BLÉS MOUILLÉS.

6 *Fructidor an* XII.

Un été pluvieux avait inondé les plaines et versé les blés au point que la récolte a été excessivement difficile, que les pailles étaient pourries et les blés germés.

La Chambre, rappelant les travaux de M. Duhamel sur cette matière, prie le Ministre de publier une instruction sur l'étuvage des grains dans les fours après la cuisson du pain.

A cette occasion, la Chambre demande que la sortie des amidons soit en tout temps permise, attendu qu'ils se fabriquent exclusivement avec la partie amilacée du blé que la fermentation n'a pu détruire.

BOURSE DE COMMERCE.

(Proc.-verb., tom. VI, p. 138.)

Un maire demande le local de la Bourse pour un bal au profit des pauvres. La Chambre est d'avis que ce monument, si précieux à conserver, ne peut être détourné de son usage que dans le cas de quelque grande solemnité nationale.

16 *Novembre* 1836.

Vivement affligée du scandale du jeu des effets publics, exercé non pas seulement sur le boulevart et dans les cafés, mais dans la Bourse elle-même, après le départ des agens de change, par des individus sans caractère et véritables aventuriers, la Chambre a chargé son président de se concerter avec M. le Préfet de police sur le moyen d'interdire cet agiotage. Ce magistrat lui-même éprouve le regret de ne pouvoir trouver ni dans les lois, ni dans ses pouvoirs spéciaux, aucun moyen de réprimer cet abus déplorable.

CANAL DE L'OURCQ.

26 *Prairial an* XII.

(Proc.-verb., Ier vol., p. 119.)

Des millions étaient enfouis déjà dans les travaux du canal de l'Ourcq lorsque des plans nouveaux et contradictoires ont été mis en avant pour renverser le plan primitif. La Chambre, consultée par M. le Préfet, se fait faire un rapport qu'elle adopte et duquel il résulte :

1° Qu'un canal de grande navigation, par le défaut d'abondance des eaux, nuirait à la salubrité de celles qu'il s'agit de faire arriver dans Paris ; qu'il serait trop dispendieux et qu'il n'est point nécessaire pour les débouchés de l'industrie agricole des pays qu'il parcourrait;

2° Qu'un simple aqueduc d'irrigation, recouvert en maçonnerie, coûterait autant que le canal de petite navigation à ciel ouvert sans présenter la même utilité;

3° Que terminé à la Beuvronne, ce canal, suivant toute apparence, ne fournirait pas des eaux potables, attendu le défaut de pente;

4° Que la grande navigation pour la partie supérieure est une question subordonnée à celle du canal de communication de la Seine et de la Meuse;

5° Enfin que le parti le plus raisonnable est de continuer sur le même plan les travaux commencés en remontant progressivement, sauf à s'arrêter à la Thérouenne, si, arrivé à ce point, on trouve qu'elle fournisse un cours suffisant et assez rapide.

CANAL DE LA SEINE AU RHIN.

Septembre 1836.

(Proc.-verb., tom. IV, p. 299, 306.)

Le Préfet consulte la Chambre sur un projet de jonction de la Seine au Rhin par la Marne. Analyse du rapport :

Ce débouché sera de la plus haute importance si le canal admet dans la totalité du parcours artiel ou fluvialisé la grande navigation ; mais la compagnie qui se présente propose de diviser ce travail en deux parties, dont l'une ne recevra que de faibles embarcations, et dont l'autre serait elle-même plus étroite que le canal Saint-Denis, qui, sous ce rapport, a été manqué.

Rien dans le projet présenté n'annonce une juste évaluation des travaux d'art nécessaires ; on y aperçoit la demande d'expropriation, non pas seulement des terrains nécessaires à la navigation ; mais de parties beaucoup plus étendues, ce qui fait soupçonner des vues de monopole pour divers établissemens et de privilége contre l'érection des chemins de fer. Il faut craindre qu'un spéculateur irréfléchi n'entraîne des capitalistes à prendre des actions qui ne produiraient que des pertes.

Conclusions. 1° L'ajournement pour une étude préliminaire des travaux d'art, étude qui exigera au moins deux ans ; 2° réduire le droit d'expropriation aux seuls terrains que couvrira le tracé du canal ; 3° réserve formelle pour d'autres spéculateurs de la liberté pleine et entière d'ouvrir, soit de nouvelles routes, soit des chemins de fer ; 4° renonciation de la part du gouvernement à toute participation à l'entreprise, soit comme actionnaire, soit comme constructeur, sous la réserve, avant d'autoriser l'ouverture, de faire constater par les ingénieurs la régularité et la solidité des travaux projetés.

CANALISATION DE LA MARNE.

Septembre 1835.

(Proc.-verb., tom. VI, p. 61.)

Une pétition, appuyée par vingt-trois des principales maisons de commerce de bois à Paris, a été adressée à la Chambre avec prière de l'appuyer. Cette pétition réclame la canalisation de la Marne entre Châlons et Saint-Dizier. A la suite d'un rapport entendu le 14 octobre 1835, la Chambre prie M. le Ministre de faire étudier les travaux que cette canalisation exige.

30 *Novembre* 1836.

Proc.-verb., tom. VI, p. 140.)

M. le Directeur général des Ponts-et-Chaussées communique à la Chambre un projet de canalisation de la Marne, dressé par M. l'ingénieur Brière de Mondétour.

Ici, ce n'est plus d'une modeste amélioration entre Saint-Dizier et Châlons qu'il s'agit, mais d'un canal de 5 mètres 20 centimètres de largeur, depuis Saint-Dizier jusqu'à Epernay, canal destiné à faire remonter les produits du Nord dans l'Est de la France.

La Chambre oppose à ce projet de graves objections, fondées : 1° sur les droits élevés de navigation qu'il faudrait percevoir pour couvrir la dépense d'une telle entreprise ; 2° sur ce que les prises d'eau, en quantité suffisante pour l'alimenter, ne sont point indiquées et que le commerce n'en aperçoit aucune de possible, si ce n'est sur la Haute-Marne elle-même et sur les ruisseaux qui y affluent, et que le moindre sacrifice de cette nature détruirait une navigation fluviatile qu'à tout prix il faut conserver. Le commerce de Paris n'a cessé de réclamer de simples améliorations qui n'entraîneraient pas un million de dépense : quelques roches à faire sauter, l'enlèvement d'anciennes vannes qui obstruent le lit de la rivière en face des moulins de Chelles, quelques dragages et quelques travaux d'art sur les passages difficiles entre Saint-Dizier et Châlons. Les trois commerces de bois à brûler, de sciage et celui de charpente, combattent surtout un projet qui leur enlèverait la possibilité du moyen de transport le plus économique, celui du flottage, flottage que l'on regarde comme indispensable aux bois de charpente, dont seul il garantit la conservation après la mise en œuvre.

La Chambre au surplus ne pourrait qu'applaudir à la création d'un canal qui, sans dérober à la Marne aucune de ses eaux et sans altérer en rien sa navigation, préparerait l'union ultérieure de la Seine à la Saône ; dans ce cas, le canal devrait avoir 7 mètres 20 centimètres de largeur.

Un post-scriptum réclame l'enlèvement immédiat des vannes de Chelles.

CARTES A JOUER.

(Proc.-verb., tom. I, p. 102.)

Le commerce des cartes à jouer s'élevait jadis à près de 8 millions.

Les droits de timbre de 20 c. pour 40 cartes, 30 c. par 60, et 40 pour 80, nuisent essentiellement à l'exploitation considérable qui pourrait être faite des cartes à figures anglaises, en Angletere et aux États-Unis. La Chambre demande pour ces cartes à façon étrangère l'exemption de timbre et de droit, à la charge par le fabricant de les faire inventorier et plomber par la direction de la régie et de rapporter un certificat de sortie.

CERTIFICATS DE SOLVABILITÉ DEMANDÉS A LA CHAMBRE.

16 *Septembre* 1835.

(Proc.-verb.)

Des certificats de solvabilité ont été plusieurs fois demandés à la Chambre pour diverses administrations et notamment par le Ministre de la Guerre. La Chambre décide, en thèse générale, qu'elle n'en délivrera aucun, attendu qu'elle ne pourrait en refuser à aucun patenté non failli, et que dès lors ce serait une formalité vaine.

CHAMBRE DE COMMERCE.

(Proc.-verb., vol. III, p. 203.)

Un membre fait observer que l'institution des Chambres de commerce n'est fondée que sur des ordonnances, et qu'il conviendrait de la faire consacrer par une loi.

(Tom. V, p. 208.)

Les Présidens de la Chambre de Commerce de Paris et de celles de cinq autres bonnes villes ont été, par lettres closes, appelées au sacre du Roi ; seuls ils y ont représenté le commerce du royaume, puisque les Présidens des tribunaux de Commerce n'y ont point été convoqués, non plus que ceux des tribunaux de première instance, leurs égaux en degré de juridiction.

23 *Octobre* 1833.

Une ordonnance royale ayant sans exception attribué l'administration des Bourses aux Chambres de Commerce, celle de Paris, frappée des difficultés que présentait pour la capitale l'exécution de cette ordonnance, s'était occupée d'un projet de réglement à ce sujet conçu dans cet esprit, qu'elle renvoyait à MM. les Préfets de la Seine et de la Police les attributions qui, dans sa pensée, devraient essentiellement leur appartenir, et ne se réservait à elle-même dans la Bourse proprement dite, que le degré d'influence morale qu'utilement pour le commerce elle peut et doit y exercer ; l'autorité néanmoins a jugé ses prétentions exagérées. Un réglement ministériel a tranché sur le tout.

CERTIFICATS D'ORIGINE EXIGÉS EN ESPAGNE.

(Proc.-verb., tom. VI, p. 30 v°.)

Lors de la rupture entre l'Angleterre et l'Espagne, des certificats d'origine étaient exigés dans ce dernier royaume pour l'admission des marchandises françaises.

Depuis la paix, ces certificats n'ont plus d'objet, et néanmoins leur exigibilité n'a point cessé.

Ce n'est plus qu'une sorte d'avanie d'autant plus onéreuse que MM. les Consuls espagnols font payer très cher leur visa.

A la demande de Marseille, la Chambre fait à ce sujet une démarche à laquelle le Ministre répond : qu'en effet ces certificats sont inutiles, mais que la même exigence a lieu pour les marchandises de toutes provenances.

La Chambre, au moins pour le moment, cesse d'insister.

CHAPEAUX DE PAILLE.

Février 1819.

(Proc.-verb., IIIᵉ vol., fol. 276.)

Dans l'intérêt d'une industrie naissante, la Chambre vote contre la liberté du transit des chapeaux de paille de la Suisse.

(1834.)

Plus tard, en 1834, attendu le développement de cette branche d'industrie en France, la Chambre, sans réclamation de la part de nos fabriques, cesse d'insister sur le maintien de cette interdiction de transit.

CHARBON DE BOIS.

(Proc.-verb., IVᵉ vol., p. 833.)

Les réglemens de police sur le lâchage des bateaux de charbon et le tour de vente dans Paris, sont regardés comme vicieux et nuisibles à l'approvisionnement et propres à renchérir la denrée.

Il est injuste de forcer l'expéditeur qui, par le secours de la rame, de la voile ou des chevaux, voudrait accélérer sa navigation, à se traîner derrière le bateau lourd, mal construit ou mal dirigé, qui sera parti le premier.

Le tour de mise en vente produit une surstarie onéreuse en frais de garde, en dépérissement des bateaux, en avaries de la marchandise, dont une partie par son propre poids est réduite en poussière. Il est absurde d'assujétir au tour de vente des ports d'amont les bateaux que (pour se rapprocher des consommateurs et s'affranchir de ces longs retards) leur propriétaire, nonobstant les frais du canal, a fait remonter au bassin de la Villette.

CHARBON DE TERRE.

Septembre.

(Proc.-verb., 4e vol., pag. 19.)

Attendu l'importance du charbon de terre comme élément indispensable d'un nombre infini de fabriques dans la capitale, la Chambre demande que ce combustible soit exempt de tout droit d'entrée dans Paris.

9 *Novembre.*

(P. 241.)

En présence du Préfet qui la préside, la Chambre renouvelle ses plaintes contre cette perception. Ce magistrat déclare que plus que personne il s'intéresse au progrès de l'emploi des forces produites par la vapeur ; mais qu'il ne peut provoquer la suppression de cette taxe, à moins qu'on ne lui indique un remplacement moins onéreux.

31 *Octobre* 1832.

En ce qui concerne les droits de douane sur cette denrée, les opinions ne sont pas unanimes dans la Chambre et n'y amènent aucune conclusion.

D'une part, on fait observer que le département du Nord, et quinze ou seize délégués d'autant de départemens, se plaignent avec amertume de l'excès d'un impôt assis sur une marchandise si nécessaire à la majeure partie des fabriques nationales ; que les mines d'Anzin, qui profitent presque exclusivement de cette faveur, peuvent d'autant moins satisfaire à nos besoins que ce fossile ne s'y trouve plus qu'à deux cents pieds de profondeur.

On répond que le droit d'entrée n'est point identique, mais que dans l'intérêt de nos fabriques, il varie d'après la situation des diverses échelles de cette nature d'approvisionnement; que le prix du charbon au lieu d'extraction ou à la frontière n'est qu'une très-faible partie de son coût au lieu de sa consommation; de telle sorte, par exemple, que ce qui coûte à Paris 3 fr. 50 c. ne coûte à Saint-Étienne que 30 c.; d'où il suit qu'une réduction de 50 c. sur le droit d'entrée aurait un résultat à peine sensible.

Un membre fait observer que l'instant le moins propre à la réduction de ces droits est celui où de toutes parts en France on s'occupe de la recherche des mines de houilles.

10 *Septembre* 1835.

(Proc.-verb., 6e vol., pag. 83.)

La Chambre appuie la demande de Boulogne tendant à la suppression des zônes, et au rétablissement de l'uniformité des droits d'entrées sur les houilles sur toute notre frontière maritime.

———

CHEMINS DE FER DU HAVRE A PARIS.

(Proc.-verb., tom. 4, pag. 204.)

Soumission d'une Compagnie anglaise pour l'établissement d'un chemin de fer du Hâvre à Paris, avec embranchement sur Dieppe et communications intermédiaires avec diverses villes.

Des conditions imposées par les soumissionnaires, l'une est dès l'abord vivement combattue : c'est la faculté d'introduire d'Angleterre les fers et les machines à vapeur qu'exigera cette construction.

Rapport ouï, la Chambre demande que cette entreprise soit offerte à la concurrence de tous les capitalistes; que le cahier des charges soit rédigé par le Gouvernement, et qu'au nombre de ces charges soit insérée l'obligation de fournir un cautionnement pour sûreté de l'exécution.

Elle insiste sur une prompte résolution relativement à cette tentative, si importante pour les progrès de l'agriculture et du commerce, réclame même d'amples sacrifices, dont elle excepte néanmoins la concession de priviléges exclusifs.

AUTRE CHEMIN DE FER DE PARIS AU HAVRE PAR GISORS.

3o *Décembre* 1835.

(Proc.-verb., tom. VI, pag. 83.)

L'établissement des bateaux à vapeur de Rouen au Hâvre, atténue l'importance d'un chemin de fer de Paris prolongé au-delà de Rouen; mais l'importance de cette communication jusqu'à Rouen n'est pas l'objet d'un doute : sa direction est le principal objet du débat. Sous ce rapport, l'opinion générale de la Chambre est qu'à partir de l'embouchure de l'Oise, où le chemin de fer recevrait les arrivages du Nord, il doit essentiellement se diriger par la vallée de la Seine, pour y desservir des villes importantes, de préférence aux plateaux de la Normandie. Pas un membre ne vote pour cette direction par Gisors; pas même celui * dont cette direction favoriserait essentiellement les intérêts particuliers.

CHEMINS DE FER DE PARIS AU HAVRE.

3o *Novembre* 1836.

Un nouveau projet de chemin de fer de Paris au Hâvre par *la vallée de la Seine*, projet rédigé par M. Desfontaines, réduit les pentes, évite le passage de six ponts, abrège la longueur de deux lieues, parcourt les localités les plus riches en productions agricoles et industrielles. La Chambre (abstraction faite des questions d'art) vote pour ce projet, en indiquant Radpont, canton d'Ecouis, comme un point essentiel à comprendre dans ce nouvel itinéraire.

---

* M. S* D**.

CHEMIN DE FER DE PARIS A TOURS.

15 Juin, 13 Juillet et 3 Août 1836.

La Chambre refuse son adhésion à ce projet, qui semble n'avoir été conçu que comme travail d'art et moyen de communication entre les deux points extrêmes, Tours et Paris, sans aucun égard aux produits, élémens nécessaires de succès; produits que n'offriraient ni l'agriculture, ni le commerce des localités parcourues, et d'autant plus mal appréciés par MM. les ingénieurs, qu'ils ont supposé les retours égaux aux départs, erré sur la quantité des matières transportables et sur le prix des transports actuels par le roulage; enfin, en ne tenant aucun compte de la valeur actuelle des propriétés de l'État et de la Ville, dont le tracé s'emparerait.

Autres Chemins de Fer

DE PARIS A DES DISTANCES PEU CONSIDÉRABLES

Et d'abord:

CHEMIN DE FER DE PARIS A SAINT-DENIS.

(VIe vol., pag. 413.)

Deux projets sont présentés en concurrence. La Chambre, sans se prononcer entre ces deux projets, qu'elle se reconnaît inhabile à juger sous le rapport de l'art, émet l'avis suivant : « qu'un seul de ces chemins peut être autorisé, et ne doit l'être que sous cette réserve expresse : que l'entrepreneur sera tenu d'entrer en arrangement avec l'entrepreneur qui pourra continuer cette communication à de plus grandes distances, et ce aux conditions qui seront réglées par l'administration. La concession sollicitée pour un seul de ces chemins ne doit être accordée que sous la réserve expresse que l'adjudicataire sera tenu d'entrer en arrangement avec l'entrepreneur d'un chemin de fer qui continuerait cette communication à une plus grande distance, et ce aux conditions qui seront réglées par l'administration ; 2° la concession sollicitée ne peut ni ne doit créer aux entrepreneurs un privilége exclusif d'une autre communication plus directe, plus courte et dès lors plus favorable à l'entreprise d'une continuation sur Rouen. S'il y a concession, une seule doit être octroyée ; car les avantages de la concurrence ne balanceraient pas les inconvéniens de l'expropriation sur deux lignes rapprochées dans le territoire de la banlieue.

CHEMIN DE FER DE PARIS A VERSAILLES.

6 *Avril* 1834.

Invitée à délibérer, sans que les plans et les moyens d'exécution aient été soumis à son examen, la Chambre croit devoir, contre son usage, et à titre de renseignement pour le Conseil général de la commune, déclarer que cette entreprise est à ses yeux d'une exécution ruineuse.

AUTRE CHEMIN DE FER DE PARIS A VERSAILLES.

(Proc.-verb., tom. V, pag. 471.)

A cet autre chemin, la Chambre donne son adhésion sous le point de vue de l'utilité publique, mais toujours avec la réserve de soumission au pacte réglé par le Gouvernement entre le constructeur et les entrepreneurs d'une communication prolongée.

21 *Septembre* 1836.

Autre projet en continuation du chemin de fer de Paris à Saint-Germain. La Chambre y applaudit comme développement nouveau d'une entreprise déjà avancée.

CHEMIN DE FER DE PARIS A POISSY.

(Tom. VI, pag. 46.)

Ce projet est combattu par la Chambre, non d'une manière absolue, mais dans l'état où il a été présenté. L'essentiel, à cause de sa brièveté, est qu'il soit soumis aux décisions du Gouvernement, relativement au prolongement que d'autres compagnies voudraient entreprendre.

CHEMIN DE FER DE PARIS A SAINT-GERMAIN.

(Tom. V, pag. 285, 315.)

Sauf l'examen des questions d'art et de finances, ce chemin est voté comme utile, par cela seul qu'il appellera l'attention publique et des capitaux à d'autres entreprises de la même nature, partant de la capitale et moins circonscrites ; utile encore pour suppléer à 14 lieues de la navigation tortueuse de la Seine, quelquefois impraticable à cause des bas-fonds, et pour épargner la remonte sous 12 ponts. De nombreuses objections combattaient néanmoins cette décision de la Chambre (proc.-verb., pag. 117 du registre).

CHEMIN DE FER DE PARIS A PONTOISE.

22 *Juin* 1831.

Comme prémisses, la Chambre pose en principe qu'elle n'a (en ce qui concerne les chemins de fer ou autres travaux analogues entrepris par spéculation) à se prononcer que sur leur degré d'utilité trop peu notoire ou suffisant pour justifier de la part du Gouvernement la concession aux entrepreneurs de son droit d'expropriation. Étrangère aux intérêts des spéculateurs, elle n'a point à se préoccuper de l'examen de leurs chances de perte ou de succès.

Sur ces bases, délibérant au sujet du chemin de fer de Paris à Pontoise, la Chambre émet l'avis : 1° que la concession doit être limitée ; que si le Gouvernement en décide autrement, l'aliénation irrévocable doit être soumise à l'obligation de continuer le chemin de fer jusqu'à la mer ; 2° qu'aucune partie de la voie publique ne devra être concédée, mais que des passages souterrains seront ouverts en intersection là où la route devra être traversée.

CHEMIN DE FER DE PARIS A ROANNE.

20 *Février* 1833.

(Proc.-verb.)

La Chambre n'étant pas consultée par le Ministre, mais par les auteurs du projet, passe à l'ordre du jour ; elle consigne néanmoins au procès-verbal cette pensée : que d'imprudens spéculateurs peuvent compromettre, par des entreprises avortées, l'ouverture des communications les plus importantes, et que nulle autorisation ne devrait être accordée qu'à la charge du dépôt préalable d'un cautionnement proportionné à l'importance de l'entreprise, et qui serait acquis à l'Etat, à défaut d'exécution, au moins partielle, dans un délai déterminé.

CHEMIN DE FER DE PARIS A ORLÉANS.

30 *Août* 1831.

Trois compagnies présentent en même temps des projets différens : deux de ces projets font partir le chemin du sud-ouest de Paris, près Grenelle, et le continuent vers Orléans, par deux voies différentes, dont la plus courbe passerait par Chartres. Sans prononcer un choix entre l'un et l'autre, la Chambre reconnaît l'utilité d'une communication de cette nature avec Orléans ; mais quel que soit celui qu'adoptera le Gouvernement, la Chambre exprime le vœu que l'adjudicataire soit tenu de continuer le rail voyageur depuis Grenelle jusqu'en amont de la Seine. Par ce motif, la Chambre juge préférable le troisième projet plus direct et qui doit aboutir à la Gare, près du pont de Bercy ; elle propose d'ailleurs, puisqu'il y a concurrence, que le tarif soit mis au rabais.

En thèse générale, elle juge nécessaire aussi l'exigence d'un cautionnement.

27 *Juin* 1832.

(Tom. V, pag. 261 ; proc.-verb., tom. VI, pag. 95.)

Deux autres projets pour la même communication sont présentés en concurrence : l'un par un ingénieur civil, l'autre par un ingénieur des Ponts-et-Chaussées.

Les deux auteurs, mis en présence devant une commission, ont débattu avec une chaleur peu ménagée des questions d'art sur lesquelles la Chambre n'est point apte à se prononcer. Son examen se réduit donc à l'examen des avantages réciproques de l'un et de l'autre des itinéraires proposés.

Sous ce rapport, un membre fait observer que la communication de la Seine à Orléans, au moyen d'un canal qui traverserait les marais de l'Essonne, desservirait des intérêts importans et beaucoup plus nombreux que la voie qui partira des hauteurs de Paris. Et quant au chemin de fer d'en bas, qu'il est douteux qu'il puisse être solidement assis sur les tourbières. Cette question au surplus intéresse les entrepreneurs, s'il s'en présente.

Dans une nouvelle discussion, on fait remarquer que, bien qu'inhabile à juger les questions d'art, la Chambre cependant ne doit pas limiter son examen au calcul des productions agricoles et commerciales, dont un débouché proposé facilitera le transport, mais s'assurer encore si l'exécution des travaux projetés n'entraînera pas des frais exagérés ; et par là ne nécessitera pas une élévation de tarif, qui rendrait illusoires les avantages du nouveau débouché.

Un autre membre exprime la crainte que le chemin creusé dans la vallée de l'Essonne ne détourne les eaux de cette rivière.

24 *Mars* 1836.

Rapport définitif transmis à l'autorité à la suite d'une dernière discussion, dans laquelle, tout en reconnaissant l'importance de réduire autant que possible les pentes et d'allonger les courbes jusqu'à présent autorisées, la Chambre pense que déterminer à l'avance, sur ces deux points des règles fixes, ce serait prohiber d'avance, des communications utiles, qui, dans une foule de localités, cesseraient d'être possibles sous l'empire de ces conditions impératives.

A l'égard des produits calculés par MM. les ingénieurs, la Chambre les croit exagérés de 50 p. %; car : 1° le prix des transports par le canal de Briare est inférieur de 20 à 25 fr. à celui des transports

proposés; 2° le prix du roulage varie de 12 à 15 fr. avec réduction
pour les retours, et il existe en outre un service de transports ac-
célérés en six jours. L'une et l'autre des directions indiquées n'offrent
d'ailleurs aucune perspective d'embranchemens utiles.

COLONIES EN GÉNÉRAL ET EN PARTICULIER.

QUESTIONS GÉNÉRALES.

(Proc.-verb., tom. III, pag. 216.)

Consultée sur les moyens de relever nos colonies, la Chambre indique comme le plus efficace l'établissement, dans ces colonies, du
système d'entrepôts existant en France, entrepôts où seraient admis :
1° les denrées coloniales étrangères sans distinction de pavillons ;
2° les marchandises de toute espèce importées par des navires
français, si le droit d'entrée dans la colonie n'est pas tellement réduit
que l'entrepôt soit sans intérêt ; elle propose en outre la réexportation à l'étranger, libre et franche de droits, des denrées coloniales
entreposées.

En cas de réexportation pour France (ce qui ne pourrait avoir lieu
que par navires français), ces mêmes marchandises paieraient à
l'administration coloniale, en sus des droits imposés à la sortie de ses
propres produits, des droits basés sur la différence établie par nos
tarifs entre les denrées de nos colonies et celles des colonies étrangères, sauf une faveur propre à encourager les introductions qui ne
peuvent avoir lieu que par interlopes :

Liberté à tous les pavillons d'exporter en franchise de tous droits
les marchandises françaises entreposées dans nos colonies ;

Répression sévère de l'arbitraire des chefs de nos colonies en matière de réglemens fiscaux ;

Des lois précises et des tribunaux incorruptibles qui offrent au
recouvrement des crédits ouverts par le commerce de la métropole
des garanties aussi complètes qu'en France ;

A l'égard des traites des administrations coloniales, changemens
qui leur rendent toute la force d'une lettre de change.

23 *Mai.*

Réforme des monnaies, et surtout retrait immédiat des mokos, sans perte pour les porteurs, si le cours en a été forcé.

Répression des abus d'autorité des gouverneurs qui ont permis l'exportation de nos produits coloniaux par navires étrangers, et interdit la réexportation des produits français, notamment des vins.

Affranchissement de la quarantaine de trente jours imposée à nos navires revenant de nos colonies.

Décembre 1820.

(Proc.-verb., vol. VI, pag. 59.)

Si les bases des réglemens relatifs au commerce de nos colonies ne sont pas entièrement changées, les abus que cinquante-sept ans n'ont pu détruire se reproduiront toujours.

Néanmoins, en raisonnant d'après la supposition, très-gratuite, de l'efficacité des mesures répressives, la Chambre dirait :

Au lieu de prohiber l'entrée des blés étrangers, admettez-les moyennant un droit qui protége l'envoi des céréales françaises.

Nul droit à la sortie des sucres ne remédierait efficacement à la liberté qu'on accorderait aux colonies de les exporter en pays étranger.

La libre exportation des sirops avec exemption de tous droits est une faute : elle livre à l'étranger la fabrication du rhum. Ils peuvent supporter un droit de sortie de 4 à 5 p. %.

Le système monétaire et les institutions judiciaires exigent une réforme complète.

Mieux que toutes régulations vaudrait une naturalisation réciproque des productions respectives.

Juin 1821.

(Vol. IV, p. 76.)

Vote de la Chambre : Abolition du monopole colonial, motivée non pas seulement par les intérêts également souffrans de la métropole et des colonies, mais par l'impossibilité démontrée de maintenir ce système et d'en assurer l'exécution.

Ainsi libre vente à toutes les puissances des produits coloniaux.

Assujétissement de ces produits aux mêmes droits d'entrée en France que les productions de même genre venant de l'étranger.

COLONIE DU SÉNÉGAL.

(Proc.-verb., tom. IV, pag. 371.)

Les Sénégalais demandent la liberté d'exporter leurs gommes en droiture dans les ports étrangers par navires français.

La Chambre adhère à cette demande : 1° parce qu'en thèse générale elle désire l'abolition du monopole exercé sur les colonies ; 2° parce que ce monopole est sans cesse éludé par la fraude ; 3° parce que le prix actuel des gommes en France en décourage l'expédition ; 4° parce que les gommes, ne pouvant être réexpédiées des entrepôts de France en Angleterre, doivent être transportées d'abord, et vendues aux États-Unis, d'où elle reviennent en Angleterre surchargées de frais qui produisent une mésoffre réagissante sur le prix primitif de la denrée ; 5° parce que nos chimistes, depuis plusieurs années, ont substitué à l'emploi de la gomme celui d'autres substances ; 6° enfin, parce que la facilité réclamée sera favorable à notre navigation.

COLONIE D'ALGER.

Avril 1834.

(Proc.-verb., tom. V, pag. 434.)

La Chambre de Marseille sollicite vivement celle de Paris d'appuyer ses démarches pour faire statuer d'une manière définitive sur la conservation et la colonisation d'Alger. La Chambre s'y refuse : 1° parce que le commerce de Paris n'a pas exprimé le même vœu ;

2° parce qu'elle n'est point à portée de juger les débats contradictoires que cette question grave a soulevés.

COMPENSATION DES VALEURS ACTIVES ET PASSIVES DES FAILLIS.

(Proc.-verb., tom. II, pag. 28.)

Un projet de M. Longuet, ayant pour but l'établissement d'une
caisse qu'il intitule : Bureau central de liquidation des dettes du Commerce, est soumis à la Chambre qui retrouve dans ce plan une idée
déjà connue et séduisante : celle de rassembler en un point unique
une grande masse de créances, et de réaliser de suite des rentrées
partielles au moyen de compensations.

La Chambre néanmoins écarte ce projet par la raison que ni
M. Longuet, ni aucun autre particulier, n'obtiendra la confiance publique au degré nécessaire pour assurer le succès d'une entreprise
de cette nature.

N'en serait-il pas autrement si l'agent était institué par le tribunal
de Commerce, si ses quittances n'étaient valables qu'à charge du
visa des juges-commissaires des faillites, si sa caisse, placée à la
Bourse, était soumise à ses vérifications fréquentes sinon journalières?

CONSULS ET AGENS CONSULAIRES. CHANCELLERIES.

(Proc.-verb., tom. V, pag. 331.)

A de vives plaintes de la maison Chauviteau sur l'énormité des
droits perçus par les consuls des États-Unis à Paris, le Ministre à
qui ces plaintes ont été transmises, répond : 1° que les consuls des
États-Unis n'ont pas d'autres traitemens que les produits de leurs
droits de chancellerie ; 2° à l'égard de l'obligation de souscrire des
affidavits pour constater la propriété des expéditeurs, quelque difficulté qu'elle offre aux négocians de Paris, qui, la plupart du temps,

n'étant que commissionnaires, ne peuvent, sans faire un faux, se déclarer propriétaires ; cette exigence résulte d'une loi des États, imposée aux Américains eux-mêmes aussi bien qu'aux étrangers.

Quant à la nécessité de faire certifier le cours des changes par les
agens de change, nature d'actes sur lesquels le consul américain perçoit également un droit de chancellerie de deux dollars, elle résulte
de ce que la loi américaine, qui avait fixé la valeur en monnaie américaine de la pièce de cinq francs, est périmée. Le Ministre promet
que notre ministre plénipotentiaire sera chargé de solliciter le renouvellement de cette loi par le congrès.

La Chambre plus tard insiste en ce qui concerne les déclarations
de propriété auxquelles le Ministre a prétendu que les Américains
étaient soumis eux-mêmes. Cette exigence, dit la Chambre, peut
être un fait, mais elle n'est pas fondée sur une loi puisqu'elle n'a pas
lieu notamment à la Nouvelle-Orléans.

D'ailleurs les commissionnaires français répugnent surtout à faire
un faux en se déclarant propriétaires.

CONTRAINTE PAR CORPS.

8 *Mai* 1820.

(Proc.-verb., tom. IV.)

La Chambre à l'unanimité, moins une voix, vote le maintien de la
législation de 1798, en ce qui concerne la contrainte par corps *pour
toutes sommes*.

Le membre opposant voudrait du moins que la loi laissât aux tribunaux de Commerce la faculté d'admettre ou de rejeter d'après les
circonstances, morales ou autres, la requête en contrainte personnelle.

L'avis de la Chambre est ainsi motivé :

Ce droit est nécessaire au Commerce, utile aux entrepreneurs eux-
mêmes, qui n'obtiendraient crédit qu'à des conditions plus dures, à
de plus forts intérêts.

Il est surtout nécessaire à l'égard des plus faibles sommes, car elles composent la très majeure partie des transactions du Commerce.

Il n'est point à craindre que le créancier en abuse, chargé qu'il est des frais judiciaires, des droits du fisc, de ceux des gardes et recors, et des alimens du détenu.

Un minimum quelconque offrirait des inégalités choquantes. Cent écus, par exemple, dont la perte est peu sensible pour un négociant de Paris, peuvent être importans pour le marchand d'une petite ville de province.

Vingt sous au-dessus ou au-dessous du minimum ne changeraient rien ou presque rien à l'importance de la dette, et cependant suffiraient pour créer ou détruire un droit.

Annoncée comme un ménagement en faveur du petit débitant malheureux, cette réforme n'est peut-être sollicitée que pour mettre à l'abri des individus qui contractent sous la forme commerciale.

1er *Octobre* 1828.

Une tentative est faite pour affranchir de la contrainte par corps les non négocians. La Chambre combat cette prétention, attendu l'impossibilité pour un porteur de lettre de change (porteur qui, la plupart du temps, ne connaît que son cédant immédiat) de constater la qualité des endosseurs primordiaux ou la nature de l'opération pour laquelle cet effet négociable a été souscrit.

(Tom. VI, pag. 145, 370.)

Contrairement à cet avis, une loi du 17 avril 1832 abolit la prise de corps pour les créances au-dessous de 200 fr. entre nationaux, et de 150 fr. à l'égard des étrangers.

Les Chambres de Commerce de Rouen et de Tours publient contre cette loi des mémoires que la Chambre est invitée à appuyer.

Un rapport lui est soumis à ce sujet. Ce mémoire fait remarquer, quant au chiffre, que la loi n'a pu adopter qu'un moyen terme applicable à tout le royaume, que ce chiffre, dans certaines localités, pourra paraître exagéré, et dans d'autres être insuffisant.

En ce qui concerne Paris, il ne fait que confirmer ce que l'usage y avait établi, parce que les frais d'arrestation s'y élèvent à 120 fr.

Faire remarquer que celui qui sacrifie sa liberté à une somme de 200 fr. est un homme sans ressources plutôt qu'un débiteur récalcitrant.

Enfin, que révoquer une décision prise il y a dix-huit mois ce serait en quelque sorte consacrer l'instabilité des lois. La Chambre en conséquence passe à l'ordre du jour.

CONTRIBUTIONS MOBILIÈRES DE PARIS.

3 *Floréal an* XII.

Le Préfet consulte la Chambre sur un projet de modifier la contribution mobilière de Paris, attendu que sur le nombre de cent soixante mille articles pour un produit de 4,200,000 fr. (centimes compris), il y a chaque année pour 1,200,000 fr. de non-valeurs, et cinquante mille réclamations à juger ; que les frais de perception s'élèvent à 50 p. % de produit net ; que d'ailleurs les bases de la loi manquent de justesse à l'égard de Paris où les loyers ne sont point en proportion avec les fortunes réelles.

Le remplacement de ce produit serait pris sur l'octroi. Cette augmentation de l'octroi soulève des objections fondées sur ce que sa perception frappe sur des valeurs inégales et sur le produit des sols les moins féconds, comme sur celui des plus riches ; qu'il est sans proportion avec les facultés, puisqu'il frappe sur les objets que le riche ne consomme pas en plus grande quantité que le pauvre ; et qu'en atteignant le pauvre, il fait hausser la main-d'œuvre.

Enfin, si l'octroi doit être grevé de tout ce qu'on retranchera de la contribution mobilière, que les faibles taxes soient seules supprimées, car ce sont celles qui produisent tout le travail et presque toutes les non-valeurs.

La Chambre émet l'avis que la taxe somptuaire soit entièrement supprimée, la taxe mobilière réduite au vingtième fixe de l'habitation personnelle. Le déficit de perception est supposé dans ce système ne devoir pas excéder 1,800,000 à 2,000,000, qui pourront être rejetés sur l'octroi.

NOTA. L'octroi a été augmenté, mais on n'a pas supprimé les cotes inférieures, attendu (a-t-on dit) que l'on ne pouvait priver ainsi du droit de cité un si grand nombre de citoyens, droit que leur assure le paiement de trois journées de travail.

CONTRIBUTIONS PUBLIQUES.

(Proc.–verb., tom. III, pag. 157.)

A la recherche de nouvelles perceptions qui puissent couvrir le déficit, le gouvernement, par l'intermédiaire de M. le Préfet de la Seine, ouvre à ce sujet une enquête au sein de la Chambre.

Il indique les suivans :

1° Un impôt, direct ou indirect, sur l'industrie et le Commerce en général ;

2° Sur les fers ;

3° Sur les cuirs ;

4° Sur les papiers ;

5° Sur les huiles ;

6° Sur les tissus ;

7° Sur les transports ;

8° Sur les moulins.

La Chambre repousse presque tous ces projets de taxations nouvelles par des motifs trop détaillés pour être ici analysés.

Les huiles seules lui paraissant imposables, mais seulement à l'entrée des villes.

D'objets déjà imposés, et que le gouvernement songe à augmenter, deux articles sont cités : les tabacs et les sels.

La Chambre pense que le sel pourrait supporter six décimes par kilo, équivalant à moitié du droit perçu avant la révolution.

En se résumant, la Chambre représente :

Que l'impôt a dépassé toutes ses limites raisonnables, que le crédit seul peut satisfaire aux besoins instantanés; mais elle observe que l'ordre, la bonne foi, une fidélité rigoureuse, un mortissement assuré et la proscription des arriérés peuvent seuls fonder un crédit.

Elle conclut dans le sens ci-après :

Un impôt direct, fixe et exigible sur le commerce et l'industrie est aussi inapplicable dans sa forme qu'injuste et contradictoire dans son principe.

Le commerce ne peut être excepté, par un impôt spécial, de la règle commune, qui soumet indistinctement tous les citoyens aux charges de l'État.

Le rétablissement des corporations ne serait qu'un obstacle de plus à l'assiette et à la perception d'un impôt aussi essentiellement arbitraire.

Les corporations ajouteraient à tous les inconvéniens de l'impôt, ceux peut-être plus graves et plus nombreux de leur propre existence; au lieu d'être utiles à la morale et à l'industrie, elles ne tendraient qu'à les faire rétrograder.

Les impôts nouveaux, dont l'établissement est proposé, sont inadmissibles avec les formes de perception auxquelles on veut les soumettre. Ils ne peuvent assurer les recouvremens qu'on en espère, ni compléter les ressources dont l'État a besoin.

Soumettre l'industrie française aux exercices des agens du fisc, ce serait y porter le découragement sans atteindre le but qu'on se propose.

La matière imposable étant évidemment insuffisante pour fournir aux dépenses ordinaires et extrordinaires de l'État, il faut en ménager les sources productives pour faciliter les moyens qui seuls peuvent suppléer à l'insuffisance de l'impôt.

C'est par l'établissement d'un bon système de crédit public qu'on peut pourvoir aux besoins extraordinaires de l'année 1817 et exercices suivans.

Les principes d'un tel système et le succès qu'on doit en espérer sont connus et justifiés par l'exemple de l'Angleterre.

Les garanties de notre crédit public reposent sur nos institutions politiques, sur les lois fondamentales de l'Etat fidèlement respectées, sur la stricte exécution des engagemens pris envers les créanciers de l'Etat, et sur un système d'administration où l'autorité des magistrats ne puisse être arbitraire.

— 41 —

CONTRIBUTIONS INDIRECTES.

ÉTUDES THÉORIQUES.

Thermidor an XII.

(Proc.-verb., tom. I, pag. 125.)

La Chambre, en conférence, examine la question des impôts indirects ; mais resserrant le cadre, elle n'étend pas son investigation sur ceux qui, frappant sur des objets manufacturés, sont un prélèvement sur la plus-value ajoutée par le travail à la matière première.

Elle ne traite que des impôts indirects appliqués aux productions immédiates du sol.

Et d'abord, elle remarque que dans la supposition même où cet impôt pèserait sur l'agriculture et sur la production, il conserverait sur l'impôt foncier cet avantage, mais unique, qu'il ne pèserait que sur des produits réalisés et non sur des espérances de récolte.

Le problème dont essentiellement la Chambre cherche la solution est celui-ci :

La taxe indirecte pèse-t-elle tout entière sur le producteur ? ou bien est-elle supportée par le consommateur ? ou enfin y a-t-il partage entre le besoin de vendre et celui d'acheter ?

Ce troisième terme de la question sert à l'éclairer tout entière, et conduit la Chambre à penser que l'impôt indirect frappe d'autant plus sur le consommateur que la denrée est d'une consommation plus indispensable.

Ainsi, s'agit-il de subsistances, de pain, par exemple ? le consommateur sacrifiera à ce premier des besoins toutes les autres jouissances.

L'objet n'est-il au contraire que de seconde nécessité, comme les boissons ? l'acheteur graduera sa dépense sur l'état de sa bourse, mais offrira ou réduira sa consommation ; et d'une ou d'autre manière fera la loi aux cultivateurs.

Comme preuve de cette vérité, on cite l'exemple du maintien du

prix des vins lors de la suppression des droits d'aides, et de l'accroissement considérable qu'a pris à cette époque la culture de la vigne.

CORRESPONDANCE AVEC LES CHAMBRES ET AUTRES CORPS.

22 *Germinal an* II.

(Proc.-verb., tom. V.)

La Chambre n'ayant que voix consultative et isolée , évitera dans
sa correspondance avec les autres Chambres et autres corps dans
les départemens tout ce qui pourra donner l'idée d'une sorte de
confédération.

COURRIERS DU COMMERCE.

(Proc.-verb., tom. IV, p. 342.)

Le commerce ne pouvait obtenir de passeports pour ses courriers
particuliers qu'en présentant ouvertes les dépêches qu'il leur con-
fiait.

La Chambre; par une plainte itérative, représente au Ministre
(M. de Martignac) que s'il est fâcheux pour un négociant ou un
banquier de ne pouvoir exécuter des entreprises urgentes et importantes sans en hasarder le secret, bien moins encore peut-il compromettre les intérêts des correspondans étrangers pour compte desquels souvent il opère et dans le pays desquels les Français n'éprou-
vent rien de semblable.

M. de Martignac accueille cette réclamation sur laquelle son pré-
décesseur avait gardé le silence.

COURTIERS DE COMMERCE.

23 *Floréal an* II.

(Proc.-verb., tom. I, p. 14 et 15.)

Plaintes contre les courtiers au sujet du commerce qu'ils exercent pour leur propre compte.

Thermidor an II.

(Proc.-verb., p. 43.)

Projet de réglement proposé par les courtiers pour une création d'adjoints et contre le marronage.

Rapport de la Chambre au Ministre :

Elle vote la création de commis ou d'adjoints aux courtiers pour les opérations du détail et du demi-gros, adjoints qui devront être investis de procuration du courtier responsable de leurs faits.

Que les courtiers, adjoints choisis par les courtiers titulaires et par eux révocables, soient agréés par la compagnie et leur liste approuvée par le Préfet de la Seine.

Que tout traité par eux souscrit, le soit en vertu de la procuration dont ils devront justifier à toute réquisition, que les marchés définitifs soient confirmés par les parties dans le terme de vingt-quatre heures, que la Compagnie des courtiers et aussi le Préfet aient le droit d'exiger leur révocation.

Mai 1823.

(Proc.-verb., tom. IV, pag. 144.)

La Chambre repousse la création sollicitée de courtiers spéciaux pour les assurances contre l'incendie.

Fructidor an XII.

Au sujet d'un mémoire publié par les courtiers, la Chambre présente au Ministre les observations dont suit l'analyse :

Les courtiers sont les agens du Commerce ; ils n'ont pu être et n'ont été créés que pour son utilité. Si néanmoins des négocians éclairés sur leurs intérêts propres emploient de préférence des marrons, n'est-ce pas la preuve que le privilége accordé à ces agens est onéreux au Commerce, et qu'il trouve plus d'avantages à secouer l'entrave qui s'oppose au libre choix des dépositaires de sa confiance?

Mais l'institution étant créée ne peut-on pas l'améliorer?

Plusieurs des courtiers brevetés par le gouvernement manquent des connaissances nécessaires dans un grand nombre de branches de commerce; force est donc de recourir à des agens qui connaissent la matière dont ils ont à traiter.

Forts de leur privilége, et exigeans en raison du prix de leurs charges, les courtiers dédaignent les affaires de détail et de demi-gros.

La fixation de leur nombre a cet inconvénient, qu'il est tour à tour excessif ou insuffisant, suivant l'activité ou la stagnation des affaires.

Au moment actuel soixante courtiers suffiraient.

Le cautionnement est une garantie peu sûre : on n'en demande pas aux porteurs d'argent; on est libre dans leur choix et l'on pèse leur moralité.

La population est une base fausse pour la fixation de ces cautionnemens.

Dans les ports, les transactions s'opèrent sur de grands assortimens. A Paris, au contraire, ville de consommation plus que d'entrepôt, les ventes plus multipliées sont moins importantes.

L'étendue de la capitale entraîne les frais d'une voiture inutile en province; 6,000 fr. de cautionnement suffisent donc pour un courtier de Paris.

Le droit de courtage, fixé à demi pour cent, devrait être modéré. La Chambre propose un tiers pour cent.

Nota. Un membre le proposait graduel, c'est-à-dire de demi pour cent jusqu'à 6,000 fr., et pour les sommes excédantes un quart pour cent.

La Chambre attaque le privilége des courtiers en cas de faillite. Les créanciers trouvent injuste la préférence accordée à un agent qui, pour l'appât de sa commission, les a déterminés à une confiance qui les compromet dans une faillite.

Si le métier des courtiers de commerce ne doit pas être une exploitation créée pour la faveur, le choix de ces agens doit porter exclusivement sur des individus présentés en liste double par des jurys organisés par les Chambres du Commerce.

6 *Novembre* 1809.

(Proc.-verb., tom. II, pag. 239.)

Le Code de Commerce, en disposant que les achats et ventes se constatent par le bordereau ou arrêté d'un agent de change ou courtier, *dûment signé par les parties*, a rendu moins dangereuse l'intervention de ces agens et leur choix moins important.

Cependant dans les grandes villes, et surtout à Paris, en raison des distances, de la division, de la multiplicité des affaires, le secours de ces agens est indispensable.

Trente, soixante, trois cents courtiers même ne suffiront jamais que d'une manière incomplète à toutes les transactions mercantiles. Le commerçant ne peut prévoir tous ses besoins; une lettre, un avis, une pensée les font naître et nécessitent une action prompte. S'il faut attendre ou chercher l'agent breveté, l'opération est manquée, le Commerce est entravé par l'institution destinée à le servir.

Ainsi, au moins pour Paris, l'institution des courtiers privilégiés n'a nullement rempli son but, et la majeure partie des négocians de la capitale, surtout ceux dont les opérations n'offrent pas des bénéfices assez importans pour obtenir les soins des agens en titre, sont forcés d'employer des marrons; et cependant un arrêté du gouvernement les expose à se voir traduits sur les bancs du tribunal de police correctionnelle.

Affranchir les négocians de cette responsabilité semblerait un ménagement convenable. Cette mesure néanmoins serait insuffisante; elle serait même injuste : insuffisante, parce qu'elle ne lui rend pas les agens dont il ne peut se passer; injuste, parce qu'il l'est d'interdire ce qui est nécessaire.

Le cautionnement des courtiers, la plupart du temps fourni par des tiers, n'est d'aucune importance pour le Trésor. Il est inutile au Commerce, puisque la signature des parties consomme seule le contrat. Des patentes modérées sur des courtiers libres seraient, à tous égards, préférables.

Leur liberté créera l'émulation ; le zèle et l'honnêteté seront les sources de fortune.

A Amsterdam, à Londres, dans la plupart des grandes villes, il y a, en petit nombre, des agens privilégiés ; ils font les ventes publiques, les affrètemens, les assurances. Tout le surplus des affaires est traité par des agens sans caractère public.

Si c'est l'utilité commerciale que l'on a en vue, suivre l'exemple des villes de l'Europe où le commerce est le mieux entendu est ce que l'on peut faire de mieux.

12 Août, 23 Septembre 1812.

Le droit de courtage n'a été réglé que provisoirement ; il devait sortir à cet égard un réglement d'administration publique, qui, au bout de deux années, est encore à paraître.

Suivant l'ancien usage, ce droit est d'un pour cent, divisible entre le vendeur et l'acheteur.

Ce n'était pas trop dans l'ancien Paris, c'est trop dans la capitale, devenue le centre d'un grand commerce de spéculation, lorsque surtout le prix de nombreuses marchandises se trouve enflé par des droits considérables.

Tant que subsistera cet état de choses, la Chambre demande que le droit de courtage soit fixé à demi pour cent sur les marchés de 10,000 f. et au-dessous, et à un quart pour cent au-dessus de 10,000 fr.

Elle pense également que le courtage n'est point acquis en cas de rupture d'un marché par la force majeure.

Qu'il doit être réduit de moitié si le marché est annulé par la volonté des parties, attendu que dans ce cas le courtier est débarrassé des soins de son exécution.

En exceptant toutefois le cas où la résiliation elle-même serait négociée par le courtier.

Le courtage n'est acquis que lorsque le courtier a soigné la livraison des marchandises, vérifié leur qualité, leur conformité avec les échantillons, discuté les tares et avaries, constaté le poids, etc. La Chambre demande que le courtage soit perdu pour le courtier qui n'aura pas soigné la livraison, quoique requis de le faire par les parties contractantes.

Le nombre de soixante courtiers est excessif dans l'intérêt de la majeure partie d'entre ceux qui, fort honnêtes sans doute, n'ont cependant ni les connaissances, ni l'activité qu'exige leur état, et restent inoccupés tandis que d'autres, livrés exclusivement à la négociation de certaines espèces de marchandises, en exercent en quelque sorte le monopole; et font plus, en maîtrisant le cours ou opérant pour leur compte, sans même se couvrir du voile des prête-noms; ils ne descendent pas à servir les commerces de demi-gros et de détail, qui sont forcés de recourir, non à d'autres courtiers qui ne connaissent pas la marchandise, mais à des marrons plus instruits.

Des condamnations, des amendes n'ont point arrêté, ne répriment pas, ne préviendront pas ce prétendu délit.

Le vice est donc dans le privilége.

Des agens accrédités sont nécessaires sans doute pour constater les transactions verbales du commerce; mais pourquoi en fixer le nombre? Ne doit-il pas augmenter ou diminuer selon le besoin des affaires? Leur intervention est nécessaire, quant à la faculté de constater une transaction non signée des parties; elle devient superflue après la signature.

Que cette profession soit donc libre sous la seule condition de fournir un cautionnement, et de produire le certificat d'un jury commercial constatant l'aptitude du candidat à cette nature de fonctions.

COURS PUBLICS DES MARCHANDISES.

(Proc.-verb., tom. II, pag. 202.)

Plaintes sur l'inexactitude de ces cours. — Remèdes proposés. Notes à faire tenir par le secrétaire des courtiers des variations survenues en Bourse, pour porter le prix moyen dans les colonnes trois et quatre des cours publics par la Compagnie.

Ne comptez, dit un membre, sur des cours vrais que lorsque les courtiers cesseront d'opérer pour leur compte.

19 *Mai* 1813.

(Proc.-verb., tom III, pag. 52.)

Surveillance attribuée par le Ministre à la Chambre, qui, par lettre du 27 juillet, y renonce.

26 *Avril* 1821.

(Corresp., tom. IV, pag. 236.)

Les courtiers ont demandé la permission de publier, outre le cours des marchandises, la note des ventes opérées. La Chambre y oppose quelques objections.

Cela convient, dit-elle, dans les ports où les conditions de vente sont à peu près uniformes; mais à Paris ces conditions varient au point d'influer sensiblement sur le prix nominal de la marchandise.

La publicité des ventes serait sans doute utile si elle pouvait être authentique et complète; or, les courtiers avouent eux-mêmes qu'on ne peut s'en flatter.

Les négocians s'opposent quelquefois à la publicité de leurs opérations.

On ne peut à cet égard les contraindre. Plusieurs courtiers se refusent également à révéler leurs opérations; n'en est-il pas qui ont opéré pour leur compte? Et si cette transgression de leurs devoirs se renouvelait, ils auraient intérêt à atténuer ou à exagérer les prix.

Supposez ces tableaux de ventes joints aux cours publics, et leur impression agréée par l'autorité, ils feront foi dans l'étranger et l'induiront en erreur.

Conclusions :

La publication des ventes par les courtiers peut être tolérée, mais non autorisée. Le titre de ces feuilles devra être : *Note de celles*

ventes de marchandises qui ont eu lieu à Paris du   au
        , et dont les courtiers de commerce ont fourni la déclara-
tion.

Le courtier, libre de déclarer ou de taire une vente par lui négociée, doit être déclaré responsable, si sa déclaration est reconnue
fausse.

La Compagnie ne devra inscrire que des ventes réelles de marchandises existant à Paris, où les cours de transport justifiés par fac-
tures, et non des ventes à livrer, qui ne sont qu'un jeu à la hausse ou
à la baisse.

31 Octobre 1831.

(Proc.-verb., tom. IV, pag. 92.)

Plaintes nouvelles contre des courtiers qui, tout en poursuivant
les marrons, dont l'un a été condamné à 30,000 fr. d'amende, opèrent pour leur propre compte.

La Chambre, éclairée sur ces faits, passe à l'ordre du jour, regardant des dénonciations personnelles comme dérogatoires à sa dignité.

CRISE COMMERCIALE ET CRÉANCES ANGLAISES PENDANT LA GUERRE.

(Proc.-verb., tom. I, pag. 43.)

Lors de la rupture avec l'Angleterre, un décret défendit aux tribunaux de donner suite aux actions civiles des créances anglaises.

La Chambre mit en délibération de publier une déclaration portant que cette mesure, dictée par la politique dans des vues étrangères au Commerce, n'avait point été sollicitée par lui ; que sa
loyauté ne lui permettra pas d'en profiter, et que ses engagemens
seront remplis avec fidélité.

Unanimement la Chambre considère le décret comme vicieux dans
son principe, en ce qu'il légalise l'infidélité et l'effet rétroactif ; ag-
grave le fléau de la guerre et viole le droit public des nations ; dans
ses conséquences générales, en ce qu'il ruine le commerce du peuple
qui admet une telle loi en détruisant la confiance, unique source du

4

crédit ; dans ses conséquences particulières , parce qu'un petit nombre de fripons seul l'exécutera, et que les commerçans honnêtes, qui n'en profiteront jamais, emprunteront dans le Nord des voies détournées, gênantes et onéreuses.

La Chambre néanmoins , voulant éviter l'apparence d'une lutte politique contre le Gouvernement, déterminée surtout par cette considération que l'Europe ne soupçonnera point le commerce d'avoir provoqué cette mesure , et que le crédit des négocians français sera moins affaibli par cette loi que corroboré par leur fidélité à n'en faire aucun usage , prononce l'ajournement de la question pour-la traiter de nouveau *ex-professo* et *publiquement* lorsque la paix aura calmé les passions.

La question sera ainsi posée :

Est-il autorisé par le droit de la guerre , est-il utile à une puissance belligérante, de refuser aux sujets de son ennemi la protection des lois civiles et commerciales contre ses propres citoyens ?

19 *Décembre* 1813.

(Proc.-verb., tom III, pag. 69, 71.)

Mémoire sur les moyens d'atténuer la crise commerciale, peu susceptible d'analyse, à voir en entier.

DÉMONÉTISATION DES PIÈCES DE 6 LIV., 3 LIV. ET INFÉRIEURES.

Fructidor an XI.

(Proc.-verb., tom. I, pag. 52, 53.)

La Chambre, invitée à prendre des mesures pour faciliter leur retrait, est d'avis :

Que la saine politique devrait engager les gouvernemens à supporter la faible perte du retrait des monnaies (non pas rognées ou altérées, mais usées par le frottement), et à offrir aux anciennes pièces un écoulement par leur admission au pair, pendant un temps donné, dans le paiement des contributions, dont elle accélérerait la rentrée, plutôt que de rejeter sur le particulier la perte injuste, arbitraire et illégalement répartie, d'une dépréciation qui devient une source d'agiotage, et produit un discrédit dont le Trésor public éprouve la réaction.

DISCOURS AU ROI.

(Proc.-verb., tom. V.)

Sur la proposition de M. Delessert, les discours adressés au Roi au nom de la Chambre lui seront soumis avant d'être prononcés.

DOUANES. TARIFS.

(Proc.-verb., tom. I, pag. 92 et 102.)

Invitée par le Ministre à s'occuper du tarif des douanes, la Chambre, avant d'y travailler, examine quels élémens seraient à rassembler pour asseoir sur de justes bases les calculs de taxation.

Et s'il est vrai que l'objet du gouvernement soit de favoriser le Commerce et l'industrie française, les premières données nécessaires à examiner lui semblent être les états d'exportation et d'importation, et les tarifs étrangers.

Un membre paraît douter de l'utilité de l'entreprise à laquelle la Chambre est appelée. Avant tout, dit-il, il faudrait être d'accord sur les principes, savoir ce que l'on veut.

Si le tarif ne doit être qu'un levier commercial, il ne faut pas que l'administration des douanes continue à recevoir les directions et les ordres du département des finances pour qui elles ne sont qu'une ressource fiscale. L'intérêt d'argent, près du Ministre des Finances, l'emportera toujours sur les considérations commerciales du Ministre de l'Intérieur, simple consultant. Le même membre voudrait que les douanes, indépendantes du Ministre des Finances pour tout autre chose que le compte et le versement de ses produits, devinssent l'une des attributions d'un ministre spécial de l'agriculture, des arts industriels et du Commerce.

Avant de procéder au travail des taxations, la Chambre estime qu'il faut poser des principes fixes. Une commission nommée à ce sujet n'a pas fait de rapport.

1833.

On a proposé l'abolition complète du système des prohibitions. La Chambre ne repousse pas cette idée, mais elle en ajourne la discussion et ne se prononce que sur la modification du tarif, en ce qui concerne les articles suivans :

Foulards de l'Inde.

Admission moyennant un droit égal à celui qui est perçu sur les foulards d'Europe.

Châles de l'Inde.

La fraude, dont le cours est évalué de 15 à 20 p. % de la valeur, éludant complétement la prohibition de ces châles, leur admission est préférable moyennant un droit de 150 fr. (droit uniforme), attendu que ces châles arrivent par assortimens de tous prix formés par la Compagnie des Indes. Leur introduction est d'ailleurs nécessaire aux fabricans de cachemires français pour l'imitation des dessins et des couleurs.

Cotons filés.

La nécessité de l'introduction des numéros fins a été reconnue par le Gouvernement lui-même, dans l'intérêt de nos fabriques de mousselines et de tulles, puisque l'on a été obligé de fermer les yeux sur leur introduction. La question se réduit dès lors à deux points : 1° le degré de finesse qu'il convient d'admettre, et sous ce rapport la Chambre s'arrête au n° 170 anglais, équivalant à cent quarante-trois mille mètres français ; 2° la quotité du droit, et la Chambre propose de la fixer à 30 p. % de la valeur, valeur non pas annuellement réglée, mais constatée par les déclarations, dont le contrôle est facile au moyen des cours anglais qui s'établissent avec régularité.

Mousselines brodées pour meubles.

Dénomination particulière bien connue du Commerce et de la Douane.

Considérant que cette fabrication (très distincte de celle des mousselines pour vêtemens) n'a point eu de succès dans l'intérieur, et que, près des frontières, elle peut favoriser des opérations illicites, la Chambre, après avoir entendu et discuté des renseignemens (non pas seulement différens mais contradictoires) obtenus de divers points, vote l'admission de cette espèce de mousselines moyennant un droit de 32 p. °/o *ad valorem*.

Poils de lièvre coupés et Peaux de lapin.

De l'aveu des intéressés dans le commerce de la chapellerie, et attendu le changement opéré dans les matières premières de cette fabrication, la Chambre vote la main-levée de la prohibition de sortie des poils de lièvre et de peaux de lapin moyennant un droit de 2 fr., équivalant à 7 et demi p. °/o de la valeur, et suffisant pour empêcher une exportation exagérée.

Cuivres filés, dorés ou argentés.

La main-levée de la prohibition est votée ainsi que son remplacement par des droits de 9 fr. 50 c. pour les fils dorés, et de 6 fr. pour le fil argenté.

Voitures.

L'Angleterre conserve sur nous une supériorité incontestable dans la fabrication des voitures; mais leur introduction comme modèles n'en est que plus nécessaire. Leur prohibition est d'ailleurs éludée au moyen de l'abandon des consignations déposées sous prétexte de transit. L'Allemagne, d'autre part, a sur nous l'avantage du bas prix; le droit d'entrée paraît devoir être fixé sur le pied :

De 1,500 fr. par voiture,

1,200 fr. par calèche,

500 fr. par cabriolet,

300 fr. par chariot de voyage.

Chromate de potasse et de plomb.

La Chambre renvoie la question à nos chimistes.

Rhum, Rack, Taffia, Wiskey.

La prohibition de ces spiritueux n'est utile qu'à la fraude. La Chambre vote leur admission moyennant un droit de 1 fr. par litre de rhum, de rack et taffia, et l'assimilation du wiskey ou eau-de-vie de grains aux eaux-de-vie de l'étranger.

Bois de teinture.

Les consommateurs ont peu d'intérêt à la réduction d'un droit qui est modéré; la Chambre en vote le maintien, même en ce qui concerne le bois de Fernambouc, taxé à 10 fr., parce que cette taxe n'est nullement disproportionnée avec la valeur qui est de 120 à 160 fr.

Sumac.

Une réduction du droit sur les sumacs de Sicile est indispensable, parce que seuls ils conviennent à nos fabriques de maroquins. Ce droit, fixé à 25 fr. par 100 kil., excède 38 p. °/₀ de la valeur.

Huiles pour les fabriques.

Quoique vivement sollicitée, la réduction des droits sur les denrées (autres que la laine) qui servent à la fabrication des draps ne paraît pas nécessaire, car toutes ces matières ensemble n'excèdent pas 5 p. °/₀ de la valeur du drap fabriqué, y compris pour un demi

p. % les huiles étrangères qui, seules propres à ce travail, ne nuisent pas à nos huiles indigènes.

Salpêtre de l'Inde.

A l'époque des ordonnances des 13 mai 1831 et 16 juin 1832, la valeur relative du salpêtre de l'Inde et de celui du Pérou ou nitrate de soude, n'était pas encore bien connue; ce dernier est inférieur de 2 p. % à celui de l'Inde , et le tarif dès lors doit suivre cette proportion.

Quant à la quotité de la réduction, peu frappée des réclamations des salpêtriers et peu inquiète sur le sort d'une industrie qui, dans l'instant du besoin, s'est improvisée sur tous les points du territoire français, la Chambre, dans l'intérêt du Commerce et surtout de nos fabriques et produits chimiques, propose de fixer les droits sur les salpêtres importés par navires français, ainsi qu'il suit :

Salpêtre de l'Inde ou nitrate de potasse............ 45 fr.
Salpêtre du Pérou ou nitrate de soude............. 35 fr.

Quant à la question politique et militaire, sa discussion n'est pas du ressort de la Chambre.

Toiles et Linge de table.

La réduction des droits actuels serait préférable peut-être à leur augmentation, la Chambre vote le maintien des droits en vigueur.

Graines oléagineuses.

Le droit de 1 fr. à établir sur la graine de lin est bien calculé dans l'intérêt de l'agriculture et du Commerce. Il n'en est pas de même du droit de 5 fr. qui pèse uniformément sur les graines de chanvre, de colza et autres graines oléagineuses. Il n'y a point de parité entre ces diverses graines ; celle de colza nommément pèse 67 kilogrammes par hectolitre, tandis que celle de chénevis ne pèse que 54.

A supposer que cette disparité de poids ne soit pas jugée assez importante pour y proportionner la taxe par hectolitre, la Chambre vote du moins la réduction à 4 fr. du droit actuel, plus élevé que ne l'exige l'intérêt de l'agriculture et qui ne permet des importations que lorsque cette nature de récolte à complètement manqué en France.

Oranges et Citrons.

Leur culture n'est praticable que dans quelques rares localités du Midi, et néanmoins, à Paris surtout, ils sont l'objet d'un commerce considérable. Le droit actuel de 10 fr., presque égal à la valeur de la marchandise prise aux frontières, est d'autant plus onéreux que ces fruits, sujets à s'altérer, se perdent quelquefois entièrement après que leur taxe est acquittée.

Quelque diminution sur ce droit est dès lors désirable.

Acide Citrique.

La Chambre vote le maintien du droit en vigueur.

Liège d'Espagne.

La Chambre pense qu'il y aurait plutôt lieu à diminuer qu'à augmenter le droit de 60 fr. dont est frappé le liège de qualité supérieure qui nous est nécessaire et que ne fournissent point les Landes, où d'ailleurs les plantations de liège ordinaire sont dans un état prospère.

Albâtre travaillé, Marbres sciés.

Sur ces deux objets la Chambre n'aperçoit pas la nécessité d'un changement de tarif; s'il en était autrement, c'est dans le sens de la diminution et non de l'augmentation qu'elle se serait prononcée.

Graines à convertir en huiles.

L'importation des graines oléagineuses, à charge de réexportation en huiles dans un délai limité, serait d'un tel avantage qu'il opérerait une baisse de 5 p. %, et procurerait à nos usines une grande activité, multiplierait les transports, ouvrirait, aux Lyonnais entr'autres, un important débouché en Suisse, et serait utile à l'agriculture elle-même en multipliant les tourteaux, connus pour le meilleur des engrais.

Toiles de fil écrues.

La Chambre vote l'admission de ces toiles, à charge de réexportation après blanchîment ou teinture.

Foulards.

Elle vote de même à l'égard des foulards, pour être réexportés après impression.

Tulles Bobin.

La Chambre se prononce contre leur admission.

Tulles de coton étrangers.

Leur recherche dans l'intérieur doit être supprimée puisqu'elle est complètement illusoire et que les jurys n'ont aucun moyen de distinguer les tulles étrangers de ceux des fabriques françaises.

Admission par terre des Cotons du Levant et d'Égypte.

Malgré la vive opposition dont cette faculté a été l'objet, la Chambre la vote en faveur des fabriques de l'Est par les motifs suivans :

1° Livourne et Trieste sont les principales échelles de cette branche d'approvisionnement, et Marseille n'en reçoit pas une quantité suffisante.

2° La Suisse, qui se les procure par terre avec une économie de 5 p. %, jouit, par ce moyen, d'une prime considérable au préjudice de nos fabriques de l'Est.

3° Lorsque Marseille en pourra fournir dans la limite des besoins et à des conditions également avantageuses, il n'est point à craindre que l'on continue de s'adresser à l'étranger.

4° L'exclusif, actuellement accordé à la voie de mer, peut produire dans la fabrique une perturbation fatale, au premier événement maritime qui compromettrait notre navigation dans la Méditerranée.

5° Enfin, les balles de coton en laine offrent à la fraude peu de facilités.

Droits de navigation.

La Chambre estime que les distances parcourues sont une base plus convenable et plus fixe que les frêts pour l'encouragement dû à la navigation lointaine.

Navigation en Chine et en Australie.

La Chambre ne pense pas que, jusqu'à présent, il y ait opportunité de compliquer la perception par une prime spéciale en faveur des expéditions au-delà des passages de la sonde.

(Tome VI, page 22.)

Délais pour l'écoulement des marchandises en cas de réduction de droits.

La Chambre demande qu'il soit posé en principe d'accorder, dans ce cas, au Commerce, un délai moral suffisant pour l'écoulement de ses approvisionnemens, lorsque rien n'a averti de la mesure projetée.

(Tom. VI, pag. 33.)

La Chambre des Députés a repoussé l'admission des châles de l'Inde et des foulards. La Chambre du Commerce insiste attendu, en ce qui concerne les châles, qu'ils sont indispensables à nos propres fabriques comme modèles ;

Et à l'égard des foulards, parce qu'un droit de 7 fr. sur une valeur de 18 fr., est une prime de 39 p. °/₀ au profit de la fraude.

[(Tom. VI, pag. 481.)

Les colons déclarent assez nettement que les colonies sont perdues pour la métropole si elles n'obtiennent pas une forte réduction sur les droits d'entrée de leurs sucres, qui ne peuvent lutter contre ceux de betterave.

Peu confiante dans l'efficacité de cette faveur pour rattacher à la métropole des colonies qui lui sont à elle-même fort onéreuses, n'apercevant aucune matière plus convenablement imposable que le sucre, dont le produit est nécessaire au Trésor, la Chambre cependant ne croit pas pouvoir se refuser à la démarche réclamée de sa part.

Elle demande en conséquence sur le droit actuel une réduction de 10 fr. en principal avec une réduction proportionnelle sur les sucres étrangers.

24 Décembre 1834.

Demande de substitution d'un droit fixe de 150 fr. à la taxe proportionnelle (*ad valorem*) sur les cachemires de l'Inde ; de l'admission (moyennant un droit de 8 p. °/₀) des fils de coton pour tulles, tulles de Bruxelles et fleurs cousues sur les tulles.

De la réduction à 8 fr. du droit sur les foulards de soie écrue.

DOUANE (PRIVILÉGE DE LA)

(Proc.-verb., tom. III, pag. 77.)

Le privilége de la Douane sur les marchandises entreposées dans les ports peut-il et doit-il, pour raison des droits dus par les marchandises entreposées pour compte d'un négociant de ces ports, s'étendre aux marchandises appartenant à un négociant de l'intérieur et simplement consignées à ses correspondans dans lesdits ports à titre de commission ?

La Chambre juge illégale cette prétention de la Douane ; elle se décide pourtant à ne pas en faire l'objet d'une réclamation, dans la pensée que les intéressés qui s'adresseraient au Ministre obtiendraient justice ou qu'au besoin les tribunaux réprimeraient une telle entreprise des agens du fisc sur le droit de propriété.

Nota. L'abus n'en a pas moins subsisté.

DOUANE, RÉGIE ET MANUTENTION.

(Proc.-verb., tom. V, pag. 112.)

Des plaintes sont portées au sujet d'un droit de commission exigé, sans titre, de la part des receveurs des douanes des ports sur les liquidations de droits pour le paiement desquels il a été accordé crédit. La Chambre reconnaît la gravité de cet abus, mais aperçoit d'autant moins de moyen de le réprimer qu'il est en quelque sorte favorisé, ou du moins n'excite aucune réclamation de la part des négocians et commissionnaires des ports, dans la crainte de se voir privés de la faculté du crédit.

Un membre fait observer que ce ne sont pas les receveurs, mais les directeurs des douanes qui arrêtent la liste des négocians admis au crédit.

On réplique que cette circonstance ne change rien à la nature du fait et ne le justifie point, attendu que les directeurs n'interviennent que *pro formâ* dans l'établissement de ces listes, dressées en réalité par les receveurs et revêtues d'une approbation du directeur.

(Voir au mot entrepôt de Paris pour ce qui concerne la manutention de la Douane de la capitale.)

ÉCHANTILLONS DES MARCHANDISES ANGLAISES.

(Tom. V, pag. 67.)

Le Ministre du Commerce consulte la Chambre sur un projet d'exposition, au Conservatoire des Arts et Métiers, des modèles ou échantillons des produits de l'industrie anglaise.

Tout en reconnaissant l'utilité d'une exposition de ces modèles, surtout en ce qui concerne la fabrication des machines, la poterie, et la quincaillerie, la Chambre néanmoins aperçoit, pour un tel établissement, peu de chances de succès.

Le mode d'exécution n'est point assez précisé. — La nature et l'espèce des marchandises à acquérir n'est pas assez déterminée ; —

mieux vaut que nos manufacturiers aillent eux-mêmes en Angleterre; ils y puiseront les lumières dont ils ont besoin avec plus de justesse et de promptitude que des agens salariés.

Les prix d'échantillons induiront en erreur sur les prix d'achat des parties considérables. — Le Commerce demande liberté et non direction. — S'il est utile de découvrir les perfectionnemens, simplifications et économies, la France doit surtout conserver l'empire de la mode pour une foule de produits. — La mode, si inconstante, vieillira rapidement les modèles apportés ; il faudra renouveler sans cesse les voyages et les achats ; la dépense , dès lors , deviendra excessive.

Si néanmoins la résolution est prise, la mission des agens devra se borner à la recherche des objets où les Anglais ont sur nous une supériorité marquée ; leurs opérations devront être aussi rapides que s'il s'agissait d'opérations à jour fixe ; le public devra (en quelque sorte) assister au déballage. Ce n'est ni d'ordre , ni d'élégance qu'il s'agira dans cette exposition, car ce ne doit pas être un musée.

ENCOURAGEMENT DE L'INDUSTRIE.

(Proc.-verb., tom. I, pag. 11.)

Des primes et des secours accordés avec discernement sont éminemment utiles au développement de notre industrie ; mais une autre espèce d'encouragement ne leur est pas moins utile : c'est l'emploi de l'influence morale du Gouvernement sur la direction des modes et du goût vers les produits de notre propre industrie.

ENTREPOTS INTÉRIEURS.

(Proc.-verb., tom. VI, pag. 74, 87, 101, 107.)

La première demande d'un entrepôt intérieur a été formée à la fin de l'an XI par la ville de Lyon.

Malgré l'activité qu'une telle faveur peut donner au commerce des marchandises étrangères, la Chambre la combat en principe général, parce qu'elle tend à rétablir les traites foraines, dont jadis la France était couverte, et à l'inonder de commis.

Accordée à une ville quelconque, cette faveur ne pourra ni ne devra être refusée à celle de Paris et à beaucoup d'autres que leur situation rend propres à des établissemens du même genre. C'est donc à l'intérêt de quelques villes que l'on sacrifiera l'intérêt général.

Celui-ci réclame fortement la liberté la plus entière de la circulation et du transit dans toute l'étendue du cercle formé par nos barrières fiscales, et les ports ou bureaux frontières sont des entrepôts suffisans, comme ils sont les plus naturels.

D'autres encouragemens sont désirables pour imprimer plus d'activité à notre Commerce intérieur.

Le premier est, pour le paiement des droits, un crédit d'un an, qui n'offre nul danger puisqu'on fournit des cautions.

Le deuxième est le drawback ou remboursement des droits des marchandises réexportées, sauf un modique prélèvement pour les frais de la Douane; remboursement qui aurait lieu en bons admissibles au paiement des droits d'entrée.

L'adoption de ce système, dans l'opinion de la Chambre, ferait de nos ports l'entrepôt de l'Europe.

L'objection la plus grave (celle de la fraude possible d'un remboursement obtenu pour des marchandises que l'interlope aurait introduites), cette objection est réfutée par cette observation que le drawback n'ajoute rien à la facilité des introductions frauduleuses, et ne diminue pas les consommations intérieures; en sorte que si la marchandise frauduleusement introduite est réexportée, elle sera remplacée par une autre, en égale quantité, qui acquittera les droits.

Le Ministre répond :

(*Nivôse an* XII.)

Qu'il partage l'opinion de la Chambre contre les entrepôts intérieurs;

Qu'il sollicite l'extension du crédit pour le paiement des droits.

Que le système du drawback, parfaitement convenable à une nation telle que les États-Unis, tributaires de l'industrie de l'Europe, ne trouverait pas une application utile en France où nous avons des fabriques à encourager et des frontières difficiles à garder en raison de leur étendue.

19 *Ventôse an* XII.

Déterminée par la même crainte de semer sur le sol français les têtes de l'hydre fiscale, la Chambre fait le sacrifice de refuser son appui aux sollicitations qui ont lieu pour l'obtention d'un entrepôt des tabacs à Paris, quoique l'ordre donné de leur interdire toute déviation de route des ports aux manufactures, puisse et doive nuire essentiellement à cette branche de Commerce dans la capitale.

1812.

Mais plus tard, et contre l'avis du Conseil général du Commerce, la ville de Lyon ayant obtenu la faculté d'entrepôt, la Chambre, vaincue dans sa défense des intérêts généraux, ne se refuse plus à servir d'organe aux intérêts particuliers de la capitale; elle sollicite, et par un décret du 21 mars 1812 elle obtient l'établissement à Paris d'un entrepôt réel pour les cotons de Naples et du Levant.

25 *Mai* 1814.

Deux ans plus tard, à la suite de la crise désastreuse occasionnée par la réduction des droits, la Chambre sollicite la faculté d'entrepôt pour toutes les espèces de marchandises, et cette demande éprouve de la part des autres Chambres une opposition violente.

Octobre 1815.

La Chambre renouvelle les mêmes démarches, de concert avec le Conseil Municipal (*voir*, pour ce qui concerne l'entrepôt obtenu, l'article suivant, p. 64).

ENTREPOTS DE PARIS

ET MANUTENTION DE LA DOUANE Y RELATIVE.

L'article 6 d'un arrêté des consuls avait établi, dès le 25 ventôse an 8, un bureau de douane à Paris, pour la visite et le plombage des marchandises expédiées de la capitale pour l'étranger.

Décembre 1823.

Le directeur de la douane invite la Chambre à désigner des facteurs et emballeurs; elle s'y refuse parce que, malgré les réserves exprimées en faveur des négocians qui voudraient y employer leurs propres ouvriers, cette création de facteurs, en titre, par la seule force des choses, créerait un privilége que nul ne peut autoriser.

1824.

L'augmentation toujours croissante des expéditions en douane nécessite le choix d'un emplacement plus vaste, et le directeur général des douanes, se refusant à contribuer au loyer de cet établissement pour plus de 15,000 fr. par an, le Conseil Municipal y contribue de son côté pour une somme annuelle de 15,000 fr.

Mais indépendamment des frais de loyers, le service de cet établissement nécessite des frais de construction de hangards, d'achats de machines, etc., auxquels il devient indispensable de pourvoir.

M. de Rougemont, directeur, en aperçoit la possibilité, et propose de traiter d'un abonnement avec le fournisseur des cordes d'emballage, sur le prix fixe desquelles seront prélevés tous ces frais de construction et d'achats de machines et ustensiles.

De concert avec le Préfet qui, aux termes de la loi du 4 germinal an 11, paraît être appelé à statuer sur les arrangemens de cette nature, et qui d'ailleurs s'est fait autoriser en cette circonstance par le Ministre des finances, il est réglé que le produit des ventes de cordes d'emballage, excédant leur prix matériel, sera versé entre les mains du trésorier de la Chambre de Commerce ; qu'une commission créée par cette même Chambre, surveillera la manutention de la douane, les constructions et achats de machines que nécessitera ce service et au paiement desquels le bénéfice provenant de l'abonnement sera appliqué jusqu'à due concurrence ; enfin que l'abonnement dont il s'agit cessera, ainsi que la retenue exercée sur la fourniture des cordes, dès que tous les besoins auront été satisfaits.

En ce qui concerne les travaux de construction faits ou à faire, il est également stipulé : 1° que les mémoires en seront soumis aux mêmes vérifications que s'ils devaient passer sous les yeux de la Cour des Comptes ; 2° que les bordereaux de ces dépenses seront déposés aux archives de la Chambre et mentionnés en ses procès-verbaux ; 3° que les comptes des recettes seront également vérifiés par des commissaires de la Chambre, jusqu'à l'entier apurement de la dépense ; 4° que, tous les besoins se trouvant remplis, les principaux négocians de Paris et les commissionnaires de roulage seront de nouveau appelés pour concerter la fixation ultérieure du prix d'abonnement.

Nota. L'accroissement de l'activité commerciale ayant excédé toutes les prévisions, la quatrième et dernière des prescriptions ci-dessus n'a pas dû recevoir son exécution. La location, si ce n'est l'acquisition d'un établissement plus vaste, est reconnue indispensable ; ni la douane, ni la ville de Paris ne paraissent disposées à y concourir ; la Chambre, de concert avec M. le Préfet, a continué la perception primitive, grossie par le placement de ces fonds en bons du Trésor Royal.

MM. les trésoriers de la Chambre chaque année en ont rendu compte ; le dernier de ces comptes, en date du 27 octobre 1836, présentait un résultat de 165,360 fr. 95 c.

15 Avril 1833.

La faculté de l'entrepôt ayant été accordée à la ville de Paris par la loi du   , à charge de paiement des frais de la douane, on propose, pour les alléger, de borner le service à la visite et vérification des marchandises, en rendant les entrepositaires responsables du paiement des droits. Cet usage, suivi dans les Docks de Londres, produit des résultats très utiles au Commerce par l'établissement des Warrants.

Cette proposition demeure sans suite, attendu les doutes qui

5

s'élèvent sur la suffisance des garanties que les entrepositaires pourraient offrir.

Cette charge des frais de douane, par elle-même déjà regardée comme onéreuse, se trouve à peu près doublée par la décision du Conseil Municipal, sanctionnée par le Préfet et par le Ministre, qui, créant à Paris deux entrepôts au lieu d'un, nécessite, de la part de la douane, l'établissement de deux services.

Janvier 1835.

Les deux entrepositaires de Paris ne tardent pas à solliciter l'affranchissement de cette charge ruineuse, et la Chambre appuie leur réclamation sans succès. En décembre 1836, la Chambre d'Orléans sollicite la même faveur ; celle de Paris, invitée à intervenir, ne croit pas pouvoir le faire. Un de ses membres fait remarquer que le Ministre des Finances ajoutera difficilement aux faveurs qu'une loi seule a pu conférer, et que surtout il ne portera point, de sa seule autorité, atteinte aux ressources que lui crée le budget. Le même membre pense qu'une seule réclamation pourrait être accueillie : c'est celle de l'allocation d'une remise de 1/2 p. % sur tous les produits de l'impôt que les entrepôts de Paris versent directement au Trésor ; parce que ce versement direct épargne au Ministre la remise de 1/2 p. %, qu'il bonifie aux receveurs généraux pour leurs envois de fonds. La simple recommandation accordée près du Ministre est par lui rejetée (5 mai).

31 Juillet 1833.

La Chambre sollicite près de M. le Ministre des Finances la suppression du plombage des colis, qui, des ports ou de la frontière, sont réexpédiés sur l'entrepôt de Paris (comme aussi sur les autres entrepôts intérieurs) ; elle se fonde sur ce que la perception des droits est garantie par les acquits à caution ; que cette charge additionnelle serait destructive des entrepôts ; que la dispense en a été accordée par ordonnance aux marchandises transportées d'un port à un autre ; et enfin qu'il n'en résultera aucune réduction sur les produits des plombs, évalués à 600,000 fr. par année.

On propose de solliciter l'admission, dans l'entrepôt, des marchandises prohibées ; mais cette demande n'a pas de suite, parce que la réexportation du prohibé n'est permise que par la voie de mer, et que la durée même de son séjour, à Calais ou à Boulogne, est limitée à un mois.

RÉGLEMENT

DES ENTREPOTS DE PARIS.

8 *Mai* 1833.

Invitée à concourir, par des commissaires pris dans son sein, à la rédaction du réglement des entrepôts de Paris, la Chambre reçoit communication de ce travail, concerté avec d'autres commissaires du Conseil Municipal et des délégués de M. le Préfet, en présence des deux entrepositaires.

Un projet en dix-neuf articles embrasse : 1° le tarif des droits de magasinage ; 2° celui des droits de manutention ; 3° les fonctions attribuées à l'adjudicataire et la responsabilité qui lui est imposée.

Ce travail urgent est adopté par la Chambre, bien qu'il ne dissipe pas complètement la crainte qu'elle a pu concevoir sur les abus possibles de la part de l'adjudicataire dans le placement des marchandises et dans l'échantillonage, par rapport à la pensée conçue de l'utilité de créer dans chaque entrepôt un agent de commerce exerçant dans ses intérêts un contrôle perpétuel sur toute la manutention de l'entrepositaire.

Mais dans l'impossibilité de prévenir par un réglement anticipé toute les difficultés qui pourront surgir dans un établissement aussi compliqué, la Chambre est rassurée par l'article qui stipule une révision complète de ce réglement à l'expiration de trois années.

ENTREPOT DES MARAIS.

MAGASINS CRÉÉS A SA PORTÉE.

2 *Novembre* 1836.

L'entrepreneur de l'entrepôt des Marais ayant demandé à établir des magasins dans un terrain contigu à cet entrepôt, terrain qu'il a loué de la compagnie du canal, la Chambre avait cru devoir s'y opposer, dans la crainte que cet établissement ne soulevât des plaintes de la part des nombreuses maisons de commerce établies dans le centre de Paris.

Nonobstant cette opposition, M. Thomas a passé outre ; il a construit les magasins dont il s'agit; et l'expérience a prouvé que, loin de s'en plaindre, un grand nombre de négocians trouvent de l'avantage à y déposer leurs marchandises.

D'après cette épreuve, la Chambre, par un rapport au Préfet, invite ce magistrat à autoriser cet établissement en faveur de M. Preisse et compagnie, sous les conditions ci-après : •

1° Nulle autre industrie que celle de simple magasinage ne pourra être exercée dans ces magasins, et son gérant ne pourra s'immiscer dans aucune affaire de commerce ni de commission ; 2° ces constructions, ainsi que les terrains qu'elles occupent, devront être abandonnées aussitôt que leur emplacement sera jugé utile à l'agrandissement de l'entrepôt, conformément à l'art. 16 du cahier des charges.

ENTREPOT DES VINS ET EAUX-DE-VIE.

(Proc.-verb., tom. III, pag. 199.)

Invitée par M. le Préfet à coopérer à la rédaction d'un réglement pour la manutention de l'entrepôt des boissons, la Chambre demandait qu'il y fût créé un agent spécial pour la surveillance des intérêts du Commerce. Le directeur de l'Octroi (réunissant à cette di-

rection municipale celle des droits réunis) s'oppose à cet établissement, et le vœu du Commerce est repoussé.

La Chambre insiste, mais sans plus de succès.

(Proc.-verb., tom. IV, pag. 25o.)

Elle vote pour l'établissement, dans l'entrepôt, de foudres de grande
dimension, dont l'usage, avantageux pour la conservation et l'amélioration des liquides, est usité dans les meilleurs et principaux vignobles, et ne crée aucun risque de fraudes qui ne puissent être facilement découvertes.

(Proc.-verb., vol. IV, p. 25o.)

M. le Préfet annonce que le directeur des travaux publics s'occupe d'un plan pour l'extension de l'entrepôt sous les carrières qui
lui sont contiguës.

Il promet d'étudier la demande formée par la Chambre : 1° de
la construction d'un mur d'appui de hauteur suffisante pour, en cas
d'incendie dans l'entrepôt des eaux-de-vie, arrêter l'écoulement des
eaux-de-vie enflammées sur l'entrepôt de vins qui est placé au des-
sous ; 2° d'un fossé de vidange qui puisse servir à l'écoulement de
ce torrent de feu à droite et à gauche en dehors de l'entrepôt.

Nota. Nulle suite n'a été donnée à ces deux projets, trop peu
monumentaux pour le génie de MM. les architectes.

ESCALE DES BATIMENS QUI ONT CHARGÉ EN ANGLETERRE DES DENRÉES COLONIALES.

3o Octobre 1836.

(Proc.-verb. , tom. VI.)

Une ordonnance de 1826 oblige les bâtimens qui, venant d'Angleterre, en exportent des denrées coloniales, à faire escale dans
des ports étrangers. Cette mesure prive le commerce, et Paris sur-

tout, des avantages importans que lui procurerait le transit pour la Suisse et l'Allemagne méridionale.

La Chambre néanmoins surseoit à réclamer jusqu'à l'expiration d'un traité, conclu avec la Belgique, et qui nous a imposé cette entrave.

ESTAMPILLES DES TISSUS.

(Proc.-verb., IIe vol·, p. 9, 19, 20, 21, 22, 23, 133, 134, 135.)

Sous l'administration du commerce, antérieure à la révolution, les tissus français recevaient des *estampilles*, les unes comme marque de fabricans, les autres administratives et servant à constater la nationalité de fabrication.

Avec les jurandes, les maîtrises, et les inspecteurs des manufactures, ces entraves ont disparu.

Mais le souvenir en est réveillé par quelques manufacturiers qui réclament cette ancienne formalité pour garantie des contrefaçons. La Chambre repousse cette entrave à la liberté de l'industrie et lui préfère une amende triple de la valeur des marchandises confisquées pour contrefaçon.

(Vol., p. 133, 34, 134.)

Peu après cette mesure, à laquelle le Ministère ne paraissait pas opposé, est reproduite, et la Chambre repousse de nouveau cette précaution, qu'elle juge illusoire et comme une source de fraudes, d'avanies et d'abus.

FABRIQUES.

LEUR STATISTIQUE.

(Proc.-verb., Ier vol., p. 15.)

Une commission est chargée de présenter un programme de travail et notamment la formation d'états généraux des manufactures du département, classé par nature de fabrication avec le détail de leur ancienneté, de leur importance, de leurs produits, du nombre d'ouvriers qu'elles emploient, etc.

(Proc.-verb., V^e vol., p. 239.)

Ce travail n'a point été fait : chacun des membres de la commission s'est trouvé arrêté par l'étendue des questions présentées par l'administration. Quelques-unes sont insolubles pour de simples particuliers, d'autres sont indiscrètes et repoussent la confiance, parce qu'elles alarment l'intérêt individuel, en cherchant à pénétrer dans le secret des bénéfices personnels et des moyens de succès dont chacun se croit redevable à sa propre industrie et redoute la publicité au profit de ses rivaux et du fisc. De nouveaux efforts pour vaincre ces résistances sont néanmoins promis.

Un membre attribue le succès des enquêtes ouvertes en Angleterre aux formes établies par la Chambre des Communes.

M. le Préfet observe que les mœurs françaises n'admettent l'affirmation qu'en matière judiciaire ; et qu'il existe d'ailleurs, parmi les négocians français, un préjugé qui leur persuade qu'un but fiscal est toujours caché sous les questions de l'administration.

FAILLITES.

(Proc.-verb., Ier vol., p. 40, 66, 68, 82.)

Plaintes sur la multiplicité des faillites, et recherche des moyens à y opposer.

Divers avis se manifestent :

L'un réclame, pour l'autorisation d'exercer le commerce, un examen subi devant un jury commercial.

L'autre demande le rétablissement des *jurandes,* mais sans finance

Un troisième approuve la formation d'un jury commercial, mais seulement pour l'examen des causes de faillites.

Un quatrième, citant la Prusse pour exemple, demande qu'il soit interdit aux faillis de reprendre le commerce.

Vendémiaire an XI.

Le projet de Code proposait l'institution des commissaires aux faillites. La Chambre, qui aperçoit dans cette institution plus d'inconvéniens que d'avantages, admet néanmoins la création de ces officiers publics, pourvu que *ces magistrats soient pris sur une liste triple de négocians présentés par le Tribunal de commerce et la Chambre de commerce dans les villes où il existe une Chambre.*

Pourvu encore que, suivant la population des villes, ces commissaires soient au nombre de 2, 3 ou 4, qui se suppléent mutuellement.

14 *Frimaire an XII.*

L'art. 1096 du Code civil porte : « Toutes donations entre époux » pendant le mariage, quoique qualifiées entre-vifs, seront toujours » révocables. »

L'art. 444 du Code de commerce annule, relativement aux créanciers, les actes translatifs de propriétés immobilières à titre gratuit, faits après le mariage dans les cinq ans avant la faillite.

Octobre 1815.

(IIIᵉ vol., p. 125.)

Discussion étendue et propositions diverses peu succeptibles d'analyse sur les frais énormes des petites faillites (voir les procès-verbaux eux-mêmes).

(IVᵉ vol., p. 329.)

La révision du Code des faillites, malgré ses vices reconnus, est pour la Chambre un sujet d'alarme ; mais si l'on entre dans cette voie difficile, elle émet les vœux qui suivent :

1º Alléger autant que possible, soit par la simplification des formes de procédure, soit par la modération des droits d'enregistrement, sur les titres à régulariser comme sur les dividendes à répartir, les droits qui pèsent sur les faillites.

Si ces frais sont tels que, pour les éviter, les créanciers soient fréquemment contraints à recevoir la loi de leurs débiteurs, l'intervention de l'autorité ne sera qu'une aggravation, au lieu d'être un remède, au désordre dont on se plaint.

2º L'établissement de commissaires du gouvernement près les tribunaux du commerce dénaturerait cette précieuse institution : cette création doit être péremptoirement combattue.

Il y pourrait être avantageusement suppléé par une création d'auditeurs choisis par le tribunal parmi les fils de négocians.

Le Gouvernement doit sans doute se montrer sévère envers la mauvaise foi, mais les intérêts des créanciers ne doivent pas être sacrifiés à ce but, quelque moral qu'il soit.

Critique motivée par l'art. 455. Examiner si les tribunaux ne doivent pas être autorisés à révoquer les agens ou syndics qui donnent lieu à des plaintes fondées.

Le droit, laissé à la minorité, de poursuivre le failli contre le gré de la majorité, mérite examen.

Il en est de même de l'art. 610, qui n'admet plus la réhabilitation une fois rejetée, car elle peut l'avoir été faute de pièces suffisantes, qui, plus tard, peuvent être obtenues.

(P. 332.)

Sur l'art. 594, on fait observer qu'une foule de patentés étant à peu près illétrés, la disposition qui, en cas de faillite, les constitue banqueroutiers frauduleux est trop rigoureuse.

Les art. 583 et 584 manquent de clarté.

D'ailleurs le droit de revendiquer la marchandise en route est en contradiction avec l'axiome *Res perit domino.*

Dans l'étranger, les Français ne sont point admis à la revendication, les aborigènes seuls en jouissent. La Chambre persiste dans la rédaction qu'en l'an XII elle a appuyée d'observations détaillées et votée en ces termes :

« La loi n'admet aucune revendication sur les marchandises ou
» autres effets mobiliers *vendus ou négociés au failli.* »

(Voir les observations sur le Code, lettre I, nº 7, tom. IV, in-4º.)

Articles proposés. « Tout contrat, contenant atermoiement ou re-
» mise entre créanciers et débiteurs, sera valable et obligatoire,
» même pour les créanciers non signataires, s'il a été souscrit par la
» majorité en nombre et pour les 3/4 en somme du montant des
» créances légitimes. »

« Le débiteur aura dû préalablement faire au greffe du tribunal
» de Commerce sa déclaration portant qu'il suspend ses paiemens,
» et qu'il est dans la nécessité de recourir à l'indulgence de ses
» créanciers. Cette déclaration devra être accompagnée de son bi-
» lan, signé et certifié par lui. »

« Les créanciers portés au bilan seront immédiatement prévenus,
» par la voie du greffe, de la déclaration faite par leur débiteur. »

« Si, dans les trente jours qui suivront la date de la déclaration
» faite au greffe, il n'y a pas eu concordat, le tribunal prononcera le
» jugement de faillite. »

« Pendant ce même délai, tout créancier, non signataire, aura le
» droit de provoquer la déclaration de faillite. »

« Dans ces deux cas, la faillite sera fixée au jour du dépôt de bi-
» lan. »

« Si le débiteur a, sciemment, porté dans son bilan des créances
» supposées, il sera déclaré banqueroutier frauduleux; et ceux qui se
» seront prêtés à cette fraude et, sciemment, auront fait acte de
» créanciers légitimes, seront déclarés complices. »

Attendu que l'art. 447 annule *tous actes ou paiemens faits en
fraude des créanciers*, la Chambre, par un exposé de motifs très détaillé, propose d'ajouter à l'art. 441 un paragraphe ainsi conçu :

« Dans tous les cas, l'époque de l'ouverture est fixée par le juge-
» ment même qui déclare la faillite; elle ne pourra remonter au-delà
» d'un mois avant la date de ce jugement, ni être changée par un ju-
» gement subséquent. »

Après un exposé de motifs, la Chambre propose l'addition à l'article 455 des paragraphes suivans :

» Ce jugement pourra être exécuté à la diligence des agens ou
» syndics. Le tribunal pourra aussi, d'office, commettre, dans son ju-
» gement et pour son exécution, tous gardes du Commerce ou agens
» de la force publique désignés au présent article. »

« Si l'exécution a lieu d'office, les frais seront avancés par le gou-
» vernement comme en matière d'ordre public, et recouvrables par
» privilége sur les premiers deniers de la faillite. »

Art. 465. Addition proposée : « *ou versées à la Caisse des con-*
» *signations sur la demande du juge-commissaire.* »

Art. 495. Changement de rédaction proposé comme suit :

« Si la gestion des syndics donne lieu à quelque plainte, le juge-
» commissaire y statuera et fera son rapport au tribunal, qui pourra
» ordonner le remplacement des syndics. »

« Afin de pourvoir à ce remplacement, le juge-commissaire pro-
» posera au tribunal un choix de candidats pris dans l'ancienne liste
» formée en vertu de l'art. 480, ou fera procéder, par l'assemblée
» des créanciers, à une nouvelle nomination de candidats, de laquelle
» ne pourront faire partie les syndics remplacés. »

Art. 497. Demande du retranchement de ces mots : *à la demande
des syndics,* et changement des mots *Caisse d'amortissement* en ceux
de *Caisse des dépôts et consignations.*

Art. 507. *Serment des créanciers.* Il dégénère en formalité ba-
nale.

En conséquence, la nouvelle rédaction suivante est proposée :

« Chaque créancier sera tenu, dans le délai de huitaine après que
» sa créance aura été vérifiée, de déclarer, en présence du juge-
» commissaire, que sa créance est sincère et légitime, et qu'il ne
» prête son nom à qui que ce soit. Le juge-commissaire pourra
» exiger que cette déclaration soit affirmée par serment en per-
» sonne par-devant lui, si le créancier est présent, ou devant un ma-
» gistrat du domicile du créancier, désigné par commission roga-
» toire, s'il s'agit d'un créancier étranger à la résidence du failli. »

Art. 527. Addition proposée au 1er paragraphe « *Sur quittances*
» *personnelles visées par les syndics;* » plus, d'un paragraphe ainsi
conçu : « *Le juge-commissaire pourra ordonner le versement des fonds*
» *à la caisse des dépôts et consignations.* »

Art. 528. Addition proposée d'un article ainsi conçu :

« En cas de plaintes sur la gestion des syndics définitifs ou du
» caissier, le tribunal pourra, sur le rapport du juge-commissaire,
» ordonner une nouvelle convocation des créanciers, à l'effet de

» délibérer, comme il a été dità l'art. 495, sur le remplacement de
» l'un ou de plusieurs syndics ou du caissier. »

ART. 531. Contrat d'union. Observations nombreuses sur cet
article. Il paraît utile surtout d'y insérer :

« Qu'après le contrat d'union, nulles poursuites ne puissent être
» exercées qu'au profit de la masse et en vertu d'autorisation du
» tribunal du siége de la faillite. »

Articles proposés sous le numéro 533 *bis*.

« *Lorsqu'il sera reconnu qu'avant l'homologation du concordat et*
» *la formation du contrat d'union, des créanciers se seront fait livrer*
» *ou promettre des valeurs au-delà de leur portion de dividende, celles*
» *de ces valeurs qui auront été livrées seront restituables. Lesdits*
» *créanciers pourront, en outre, être condamnés par le tribunal de Com-*
» *merce à des dommages et intérêts envers la masse, lesquels n'excé-*
» *deront pas le montant des valeurs fournies ou promises aux simples*
» *créanciers, et le double de ces sommes, si lesdits créanciers se trou-*
» *vaient agens ou syndics provisoires, lorsque les valeurs ont été pro-*
» *mises ou livrées.* »

Suppression demandée de l'art. 538ᵐᵉ et modification du 534ᵉ
ainsi qu'il suit :

« *Le créancier porteur d'engagemens solidaires cautionnés ou*
» *garantis entre le failli et d'autres coobligés qui sont en faillite, par-*
» *ticipera seul aux distributions dans toutes les masses, et s'y fera ins-*
» *crire pour le montant intégral de sa créance jusqu'à entier et parfait*
» *paiement.* »

« *Le montant d'une même créance ne pourra figurer qu'une fois*
» *et jusqu'à concurrence de son montant intégral dans chaque*
» *masse.* »

ART. 583 et 584. La Chambre insiste sur l'abolition de ce qu'ils
ont conservé du système de revendication.

ART. 586. Rejet des § 3 et 4 de cet article comme reposant sur
des bases vagues et incertaines.

ART. 593. A ajouter : « *pour les soustraire à ses créanciers,* » et
rédaction du § 7 corrigé ainsi qu'il suit : *s'il a caché, détruit ou*
altéré ses livres.

Art. 610. *Réhabilitation.* La Chambre demande qu'un premier rejet n'empêche pas de l'obtenir plus tard.

Art. 612. On demande que la réhabilitation ne soit refusée qu'aux comptables qui n'ont pas rendu leurs comptes.

Et enfin une réduction considérable sur les droits perçus par le fisc. Sur quoi? sur des pertes!

(Tom. II, pag. 28.)

Communication par M. Longuet d'un projet d'établissement d'un bureau arbitral de liquidation des dettes du commerce.

La Chambre retrouve dans ce plan une idée déjà connue et séduisante : celle de rassembler en un point unique une grande masse de créances et de réaliser de suite des rentrées partielles au moyen de compensations ; mais le succès d'une telle agence dépend entièrement de la confiance publique, et quel particulier l'obtiendra assez entière?

Le rédacteur de ces extraits se demande si une caisse ou trésorerie commune de l'actif de toutes les faillites (placée sous la surveillance du tribunal et ses vérifications journalières, ne pouvant opérer que sur visa des juges-commissaires) ne pourrait pas réaliser cet immense avantage, et déraciner le plus grave des abus reprochés aux syndics, surtout à ceux qui en font métier.

OUVERTURE DE LA FAILLITE.

17 *août* 1836.

(Proc.-verb., tom. VI, pag. 121.)

MM. les jurisconsultes, appelés au Ministère de la Justice pour la révision du Code de commerce, titre des faillites, s'opposent à la suppression de l'art. 441, qui fait remonter l'ouverture de la faillite à la date de tous actes constatant le refus d'acquitter ou de payer des effets de commerce.

Chacun des membres présens à la séance considère cette disposition de la loi comme une fiction légale, et qui, si les tribunaux ne l'eussent palliée, aurait conduit à l'absurde, en annulant, au bout de vingt ans, par exemple, une suite de transactions de bonne foi et véritablement légitimes : disposition d'ailleurs inutile, puisque la loi en renferme une autre qui permet d'annuler tout acte de mauvaise foi.

FERS.

(Proc.-verb., tom. III, pag. 224.)

En supposant insuffisante pour la protection de nos forges la taxe assise sur les fers laminés de l'Angleterre, la Chambre admettrait son augmentation modérée, mais temporaire, et repousse la prohibition, qui paralyserait toute espèce de travaux de perfectionnement.

(Proc.-verb., tom. V, pag. 25.)

Nouveaux débats sur les fers et les houilles.

La théorie et les intérêts en présence justifient cette expression de *débats*. Tels ne concèdent aucune des faveurs accordées par le gouvernement à cette branche d'industrie, tels autres ne connaissent rien de plus urgent que le retour aux principes généraux de l'économie politique.

L'opinion conciliatrice reconnaît que la prohibition ou l'exagération des droits ne peuvent être perpétuées; mais elle craint de voir s'arrêter un essor qui ne fait que de naître avec d'immenses sacrifices, qui, plus tard, pourront être récompensés.

Quelques membres demandent, dès à présent, un réduction de droit aussi faible qu'on voudra, pourvu qu'elle soit progressive.

D'autres réclament le maintien des droits actuels pendant trois ans, admettant après cette époque leur réduction d'un sixième, invariable pendant un laps de quinze années.

(Tome V. Pag. 28.)

Tableau chronologique des progrès, en Angleterre, de la fabrication des fers par la houille et par les machines à vapeur, non susceptible d'analyse et qu'il faut relire en entier.

Votes de la Chambre;

	Oui.	Non.	
Pour le maintien indéfini du tarif..................	8.....	7	15
Pour le maintien pendant cinq ans...........ㅜ.....	1.....	14	15
Pour une réduction immédiate d'un neuvième........	2.....	13	15
Pour une réduction immédiate d'un sixième..........	1.....	14	15

FRAUDE DES DROITS DE DOUANE.

RÉPRESSION.

(Proc.-verb., tom. I, pag. 10.)

À l'invitation du Ministre, la Chambre s'occupe des moyens de réprimer la fraude.

Ce sujet révèle les opinions les plus disparates.

Un membre considère comme indispensable au salut de nos fabriques le système des prohibitions. Outre la garde des frontières et les peines portées contre les introductions frauduleuses, il demande le rétablissement des inspections et de la marque des étoffes; deux ans de prison pour le défaut de marque; deux ans de fers pour leur falsification; la visite des magasins en présence de juges ou d'officiers de police.

Prohibitions ou droits exagérés et fraudes (répond un autre membre) sont des corrélatifs obligés.

Un troisième, écartant la question du tarif, s'occupe uniquement de la régie. Améliorez, dit-il, le sort des employés, assurez-leur des retraites suffisantes, et n'accordez l'avancement qu'au seul travail, vous aurez de meilleurs agens et vous détruirez le préjugé qui semble les flétrir ; faites trois parts du produit des saisies : un tiers aux saisissans, un tiers au Trésor, un tiers à une caisse d'encouragement des fabriques ; élevez jusqu'à la mort, à l'égard du préposé en chef, les peines portées contre les employés prévaricateurs.

Dans un système tout opposé, laissez, dit un membre, sortir sans crainte nos produits bruts, vous doublerez leur production et la première des industries, celle de l'agriculture : l'inquisition domiciliaire révolte les citoyens ; les jalousies commerciales ne conduisent qu'à des guerres sans fin.

La Chambre applaudit à cette théorie, mais ne croit point à la possibilité de son application dans l'état actuel de la France et de l'Europe.

Cette discussion est abandonnée.

Elle n'a plus été reprise en thèse générale.

GARDES DU COMMERCE.

23 Décembre 1837.

Le projet de réglement d'organisation des gardes du Commerce, rédigé par la Chambre en vingt-six articles, n'est pas susceptible d'analyse.

Il est transcrit au registre des Correspondances, tom. II, pag. 166 et suivantes.

GRAINS. — CONSERVATION.

Dépêche au Ministre du 6 fructidor an XII.

(Proc.-verb., tom. I, pag. 128.)

Les grains avariés par une saison pluvieuse, ou par les pontes de chenilles, peuvent être sauvés par le dessèchement dans des fours chauffés à un degré que l'on peut élever à soixante-dix degrés du thermomètre ancien de Réaumur.

En 1741, l'Angoumois et une partie du Poitou sauvèrent, par ce procédé, la majeure partie de leur récolte.

Il est généralement appliqué au degré jugé nécessaire pour tous les blés qui viennent de la Russie et de la Pologne (*voy.* pour les blés à l'art. *Subsistances*).

Halles diverses.*

HALLE AUX BLÉS DE PARIS.

(Proc.–verb., tom. V, p. 5o.)

M. Biot, membre de l'Institut, dénonce le monopole et les fraudes dont il accuse les facteurs à la halle aux blés, véritables commissionnaires ou plutôt marchands qui font crédit aux boulangers, paient d'avance le cultivateur au prix d'un intérêt énorme et le trompent sur le prix obtenu. Il propose, comme unique remède, des ventes à la criée, qui constateraient d'une manière authentique les cours journaliers. M. Biot cite l'exemple de la vente du poisson et du beurre.

La Chambre verrait de bon œil les ventes à la criée, pourvu qu'elles ne fussent pas livrées à un commissaire privilégié : mais il faut savoir quelle influence aurait la criée sur la formation des mercuriales. En définitive la Chambre ne se trouve pas assez instruite pour traiter cette affaire.

(Proc.–verb., tom. V, p. 2, 4o4.)

En raison de sa situation centrale et voisine des marchés, la halle aux blés ne peut être déplacée ; mais elle exige des améliorations. Il importe que sa bourse en soit au moins très voisine : la clarté y est particulièrement nécessaire.

(*) Voir, à la suite des halles spéciales, la question traitée d'une manière générale pour plusieurs natures de marchandises.

6

On propose la réduction à 100 kilog. des sacs dont le poids actuel de 125 kilog. est écrasant pour les portefaix.

Janvier 1835.

(Proc.-verb., t. II, VI, p. 7, 9 et suivantes.)

ENQUÊTE AU SEIN DE LA CHAMBRE.

L'importance de cette matière semble nécessiter une analyse moins resserrée que celle qui précède.

Les divers intérêts de l'agriculture, du commerce des blés, de la mouture et du commerce des farines, des facteurs à la halle et de la boulangerie, ont été entendus par l'appel de leurs organes les plus distingués. Dans ce débat contradictoire, quelques dissidences devaient éclore. Sur ce seul point il y a eu unanimité : c'est qu'il est de la plus haute importance pour le commerce des céréales, pour garantir à Paris leur abondance et leur sécurité, que l'administration supérieure consacre à cet approvisionnement les vastes greniers du boulevart Bourdon.

Sous cette réserve néanmoins (exprimée par les facteurs, les boulangers et même les représentans de l'agriculture), que la halle actuelle sera conservée comme marché et dépôt des consommations journalières.

Dans ces magasins spacieux, commodes, bien aérés, si le Commerce trouve liberté, économie et bonne conservation, ce ne sera plus un approvisionnement de quelques jours, ce sont les produits de la Brie, de la Beauce et de la Normandie, qui y verseront leurs produits et mettront ainsi l'administration à l'abri de toute inquiétude pour l'approvisionnement de la capitale en grains ainsi qu'en farines, dont la halle ne peut contenir qu'un approvisionnement de cinq à six jours, non compris la faible réserve imposée aux boulangers ; cette halle, en y comprenant les combles, ne peut contenir que 25,000 sacs, et, en raison des frais de montée dans les combles, n'en recèle habituellement que 12 à 15,000 sacs empilés au nombre de 40, non sans danger pour les portefaix et le public. Il n'y a donc pas simple utilité, mais nécessité d'ouvrir aux grains et farines l'entrepôt qui leur fut destiné dans la prévoyance d'un accroissement de population qui s'est réalisé au-delà des prévisions.

Deux questions corrélatives se présentent :

Les blés et farines déposés au grenier d'abondance resteront-ils à la libre disposition du Commerce ? ou l'administration se réservera-t-elle un droit de contrôle pour fixer le minimum d'approvisionnement obligatoire et en déterminer en certains cas la mise en consommation ?

Les boulangers appuient ce dernier système comme suppléant à l'ancienne réserve entretenue aux frais de l'administration, et qui n'a été supprimée que parce qu'elle était mal administrée.

Cet avis n'a pas trouvé d'écho, et la liberté du Commerce est unanimement considérée comme la seule garantie véritable contre la disette et l'excès du renchérissement.

Sous le point de vue de la conservation, quels agens salariés, supposés tous fidèles, équivaudront-ils à la sollicitude des propriétaires ? Et ceux-ci ne jugeront-ils pas mieux que l'administration de la portée des besoins et des moyens d'y pourvoir ?

Une réserve administrative crée elle-même la disette, en menaçant le Commerce d'une concurrence inopinée qui l'écraserait.

La réserve de Paris, en 1829, n'a pas empêché le blé de s'élever à 51 fr., et sa réserve de quinze mille sacs a écarté le Commerce, qui aurait pu, sans elle, en offrir un million.

Enfin, la conservation avait été si imparfaite qu'il fallut les revendre au négociant qui avait été chargé de leur achat.

Les greniers d'abondance étant mis à la disposition du Commerce, quelles modifications devra recevoir le régime actuel de la halle ?

Les blés, les avoines et les orges s'y traitent en général sur échantillons.

Sur quatre-vingt mille sacs, vendus en 1834 par les facteurs, quarante huit mille ont été traités à livrer, et trente six mille seulement ont paru à la halle; et ce nombre eût été bien moindre encore s'il eût existé des greniers convenables.

Rien n'est donc à changer dans la halle en ce qui concerne les grains.

Les graines, grenailles et légumes arrivent à la halle les mercredi et samedi. Ces denrées, peu encombrantes, sont ordinairement vendues et enlevées dans le jour. Le *statu quo* est à maintenir.

En ce qui concerne les farines :

Sur 214,858 sacs vendus en 1834,
  147,026 ont seuls paru à la halle.

Les 67,832 autres ont été vendus sur échantillons.

On peut et l'on doit y ajouter 2,600 sacs de gruau.

L'importance de la vente journalière à la halle étant de cinq à six cents sacs, farines et gruau, l'espace permanent nécessaire est le dernier point à déterminer. Une partie des négocians interrogés n'en demandaient que pour trois mille sacs ; les autres réclamaient place pour six mille sacs.

Même dans cette hypothèse, il restera un emplacement suffisant que les négocians réclament pour la tenue de la bourse au centre du monument avec deux ou trois arcades seulement.

Un dallage du pourtour, et surtout des jours à rendre à la coupole, sont vivement réclamés.

Quant au droit de stationnement ou de magasinage, le Commerce vote avec instance pour qu'il soit le moindre possible. Le chiffre de 0 f. 05 c. par sac et par mois et pour chaque mutation est celui qu'il indique.

Quelle que soit sa fixation, on demande à l'unanimité qu'il soit le même à la halle et dans les greniers d'abondance.

Comme objet essentiel de police, on réclame la fixation du nombre de sacs qui pourront être empilés.

Tel est l'ensemble des vœux auxquels, par une délibération du 5 février 1835, la Chambre a prêté son appui.

4 *Mars* 1836.

Nulle décision de l'autorité n'étant intervenue, la Chambre renouvelle sa démarche auprès de M. le Préfet. Ce magistrat répond le 20 avril que cette affaire est entravée par les oppositions qu'elle rencontre à la Préfecture de police.

Mai 1836.

M. le Ministre du Commerce déclare qu'il approuve entièrement le projet formulé par la Chambre et par le Commerce, et il confirme ce que M. le Préfet a déjà fait connaître, c'est-à-dire que les entraves apportées à son exécution proviennent de ce que le Conseil Municipal y a ajouté le dépôt de la réserve des boulangers qui dépend de l'administration de la police. M. de Rambuteau est prié de traiter directement cette affaire avec son collègue. On lui transmet en même temps de nouvelles plaintes souscrites par 300 négocians sur le mauvais état de la halle.

18 *Mai* 1836.

M. le Préfet répond que la réparation de la halle est retardée parce que le Conseil Municipal n'a pas voulu séparer cet objet de la question des greniers d'abondance.

HALLE A LA BONNETERIE.

26 *Juillet* 1810.

Par suite d'un mémoire et d'un rapport détaillés qui sont ci-après analysés, la Chambre vote la suppression de la halle à la bonneterie et autres de nature analogue.

6 *Avril* 1825.

De nouveau la Chambre est consultée par le Préfet sur l'établissement d'une halle à la bonneterie, exclusive des entrepôts particuliers que les forains placent chez des négocians de la capitale.

M. le Préfet de police, qui provoque ce rétablissement, ne le demande ni comme exclusif, ni comme unique, mais central, public et administrativement régi. Il le considère comme infiniment utile aux fabricans, aux détaillans et acheteurs ; il évalue à 30,000 fr. les dépenses de son établissement et son produit à 11,000 fr., d'après un tarif de 15 c. par douzaine de paires de grands bas, 8 c. par douzaine de petits bas, et 15 c. par douzaine de bonnets.

Persistant dans son opposition primitive, la Chambre continue à regarder cet établissement comme inutile, puisque des entrepositaires particuliers existent et peuvent se multiplier dans la proportion des besoins ; inutile aussi ou plutôt impropre à constater le cours d'une marchandise sujette à tant de diversité dans les qualités et par conséquent dans les prix.

Des entrepôts publics, ajoute-t-elle, ne peuvent être utiles à Paris, qu'autant qu'ils ont pour but de suspendre la perception de droits d'entrée, dont l'avance soit onéreuse au commerce. Ils sont utiles, sans doute, comme marchés dans les villes telles que Rouen, environnées d'une foule de petites villes, de bourgs, même de villages, qui, à des jours fixes de la semaine, y apportent les produits de la petite industrie domestique : vendeurs et acheteurs s'y rassemblent. Paris n'est point environné de ces petites fabriques : l'Aube, le Pas-de-Calais, l'Ille-et-Vilaine, la Seine-Inférieure, l'approvisionnent.

Pour cet approvisionnement, faut-il des dépôts ? Il en existe, et le nombre s'en augmentera spontanément s'il y a besoin senti ou seulement aperçu.

Soixante-quatre fabriques du dehors ont souscrit une déclaration constatant que tous leurs besoins sont satisfaits par l'ordre de choses existant.

Si vous livrez à l'administration, même en partie, un commerce quelconque, elle nuit aux patentés : après la bonneterie, viendront les calicots, les soies, les toiles de coton, les savons de Marseille, etc.

Breveter des entreposeurs, c'est-à-dire créer des places, tel est le seul résultat d'une telle mesure, la véritable source de la proposition qui en est faite.

4 Septembre 1831.

Six ans plus tard, ce projet reproduit trouve de l'appui dans la Chambre.

Les bases, dit-on, en sont modifiées, le dépôt de bonneterie sera accessible aux forains comme aux négocians de Paris en bonneterie.

Il produira un revenu à la ville de Paris.

Les fabricans de Champagne, de Picardie, ont besoin de ce dépôt pour ne pas subir la loi des forts acheteurs quand la vente en détail languit. Le dépôt ouvrant à jours fixes, ils régleront leurs voyages en conséquence.

A défaut de ce dépôt public, un particulier en a créé un, rue des Déchargeurs, mais ce n'est ni ne peut être un obstacle; il n'y a point de privilége.

Les marchands en détail sont favorables à cet établissement.

Les marchands en gros, de qui l'on pouvait attendre quelque opposition, y ont eux-mêmes adhéré, mais en demandant que ce marché soit ouvert à jours fixes, au nombre de huit par mois.

Un mot sur les toiles de coton a trouvé place dans la lettre de M. le Préfet. La Chambre, elle, envisage autrement que la bonneterie ce produit d'une fabrication qui a lieu en grand.

HALLE AUX CUIRS.

26 *Juillet* 1810.

La halle aux cuirs, comme celles à la bonneterie, aux draps, aux toiles, était comprise dans la censure de la Chambre : elle a néanmoins subsisté.

(T. IV, p. 295, 307, 310.)

Les réparations considérables qu'elle exige ont fait proposer sa cession à un entrepreneur. De prime-abord, la Chambre adhère à ce projet, mais sous la réserve que l'adjudicataire ne jouira d'aucun privilége exclusif.

Une étude plus approfondie est cependant reconnue nécessaire, et, du rapport qui en est fait, il résulte que l'offre faite à l'administration ne peut être qu'un piége tendu, puisque la dépense d'exécution des plans dressés serait de 1,200,000 fr., tandis que les produits de magasinage atteindraient à peine 12,500 fr.

(Proc.-verb. , tom. V , p. 3o7, 3io.).

En conséquence , le vote de la Chambre se résume ainsi :

1º Soumettre l'entreprise poposée à l'épreuve de la publicité et de la concurrence ;

2º Faire précéder la concession de la halle de l'adoption d'un ré-glement tel que le Commerce soit mis à l'abri de toutes tentatives de l'entrepreneur tendantes à s'emparer, directement ou indirectement, du monopole de cet entrepôt.

(P. 33g.)

Le faubourg Saint-Marceau, avec l'appui d'une délibération du Conseil Municipal, demandait que cette halle fût transportée dans le douzième arrondissement. La Chambre vote son maintien sur un point central, mais sans privilége; ce qui laisse à MM. les tanneurs de Paris la liberté d'en élever une à leur portée.

(Proc.-verb., tom. V, pag. 124; correspond., tom. VI, pag. 170.)

Après de longs retards, cette affaire est reproduite et les nou-velles délibérations de la Chambre, à la suite d'une enquête dans les départemens et à Paris , développent son premier avis ainsi qu'il suit :

1º Une halle aux cuirs à Paris est *utile*. Les grosses peaux exigent un rez-de-chaussée exempt de sécheresse et d'humidité ; les petites peaux et les maroquins peuvent être placés dans un étage supé-rieur ;

2º Le décret de 1808 doit être rapporté ;

3º L'usage de la halle ne doit être obligatoire pour personne ;

4º Elle ne doit jouir d'aucun privilége, et il doit être permis au Commerce d'en élever d'autres en concurrence ;

5º L'adjudicataire de la halle, si la Ville la met en adjudication, devra , mais sans nul privilége de déchargement, ni d'enlèvement, ni d'emplacement, conserver la faculté d'exercer lui-même ce com-merce ;

6° Le tarif des droits à percevoir sera réglé sur le pied de :

fr. c.

» 50 par cuirs ou peaux de bœuf, vache, âne, veau, ou dépouilles par 100 kil.

» 10 par peaux de mouton, chèvre, maroquins de toute espèce, 12ᵉ de paires.

» 05 par peaux d'agneau, de chevreau et animaux inférieurs,   Id.

7° Suppression du privilége des forts ;

8° Tenue des livres par simples marques et numéros, sans désignation des entrepositaires.

(Même vol., pag. 196.)

Le Commerce des suifs et des huiles de dégrais a demandé la réunion de son marché à cette halle. Consultée par le Préfet, la Chambre y adhère.

(Pag. 213, 217.)

Les vues émises par la Chambre soulèvent, de la part du Préfet de police, de nombreuses objections : toutes sont réfutées, car il y a complète opposition de principes. M. le Préfet s'appuie sur le décret de 1808, et c'est ce décret même dont la Chambre a réclamé l'abolition ; il raisonne sur la base d'un commerce privilégié ; la Chambre vote, au contraire, un commerce libre pour tous en concurrence avec l'entreposeur ; elle admet et reconnaît comme nécessaires la surveillance et l'action de la police, mais sous l'unique rapport de sûreté et sans intervention quelconque dans les opérations du Commerce.

HALLE AUX TOILES.

10 *Mars* 1806.

Les marchands de toile à Paris ayant demandé l'abolition de la halle créée pour cette marchandise ou la réforme de ses réglemens, la Chambre ouvre la discussion en ces termes :

1° Une halle aux toiles est-elle utile ?

2° Si elle l'est, à qui doit-elle être ouverte ?

La délibération de la Chambre établit les principes suivans :

Le commerce des toiles n'exige une halle que dans les villes entourées de fabriques auxquelles cet établissement offre un débouché facile et commode, et une épargne de temps.

Depuis l'abolition des jurandes, nul privilége ne soumettant le consommateur au marchand, il n'y a pas nécessité d'une halle à Paris pour la toile, réservée aux seuls fabricans.

Cet établissement serait même dangereux et nuisible s'il ouvrait la voie à quelque taxe sur la marchandise ou à la création de quelques offices pour la surveillance d'une industrie qui, pour prospérer, n'a pas besoin d'entraves.

Le même principe de liberté autorise la conservation d'une telle halle, alors qu'elle existe, pourvu que l'accès en soit ouvert à toutes personnes indistinctement.

En conséquence, la halle devra être louée par lots, à l'enchère, à toutes personnes du dehors ou de l'intérieur pourvues de patentes.

Au moyen de cette perception, nul autre droit n'y sera perceptible, ni sur la marchandise, ni sur les individus.

Nul office n'y doit être établi ni conservé autre que ceux nécessaires pour la recette des loyers, et le maintien de l'ordre et de la sûreté.

Nota. Informée de cette délibération, la police mande les marchands de toile et prend copie d'une lettre que la Chambre leur avait écrite, mais sans leur faire connaître l'avis par elle transmis à M. le Préfet de la Seine auquel elle les invitait à s'adresser.

QUESTION DES HALLES, PRÉCÉDEMMENT TRAITÉE SÉPARÉMENT, DÉBATTUE DE NOUVEAU COLLECTIVEMENT.

2 *Janvier* 1812.

(Correspond., tom. III.)

Les bureaux de la Préfecture de police ayant puisé dans un mémoire très virulent du commissaire des marchés dont la suppression des halles blessait les intérêts, les élémens d'une résistance systématique, cette affaire est portée devant le Ministre de l'Intérieur, par ce dernier communiquée au Préfet et par le Préfet à la Chambre, qui, bien que renouvelée en partie, de nouveau consacre les mêmes principes dans un rapport très détaillé qui mérite d'être relu en entier (vol. III de la *Correspond.*, pag. 147), mais dont l'analyse la plus serrée possible va présenter les points les plus importans.

« La défense des halles les soutient utiles et même nécessaires comme » moyen de résister au monopole des marchands en gros, de préve-» nir les infidélités des commissionnaires à domicile par la publicité » du prix des halles; elles offrent à l'Administration des moyens d'*ins-» pection sur les qualités des marchandises* et peuvent en donner des » idées réglementaires très utiles.

» Ces idées réglementaires, sans doute, effraient certains négo-» cians qui ne consultent que leurs intérêts particuliers et rêvent la » liberté illimitée du Commerce. »

» Les halles protégent le commerce des forains contre l'avidité » des marchands en gros, surtout lorsque la concurrence entre ces » derniers en aura réduit le nombre. »

Ce fantôme de monopole est une idée fausse lorsqu'il n'existe pas de corporation et que les fabricans eux-mêmes pourront faire concurrence aux marchands, établis sans privilége quelconque.

Loin d'être intéressés à nuire aux fabriques, les marchands en gros n'ont pas d'intérêt plus réel que celui de les voir prospérer et multiplier.

Les espèces et qualités des marchandises fabriquées ne sont point faciles à distinguer comme celles des denrées qui se traitent à la Bourse et peuvent être cotées par les courtiers de commerce; les halles ne peuvent donc servir de régulateur des prix.

Si des halles ont été créées sous Philippe-Auguste, c'est que la difficulté des communications nécessitait des espèces de foires où acheteurs et vendeurs se trouvaient réunis.

Il n'y a point de privilége de droit dans les halles, mais il y a privilége de fait en faveur de quelques marchands forains, qui seuls peuvent y trouver place au préjudice du plus grand nombre des marchands établis, qui paient les charges communales.

Nota. Suivent d'autres observations ou répliques spéciales pour les trois espèces de marchandises que la police veut loger.

Une remarque frappante en fait partie ; cette remarque est celle-ci :

Si les principes défendus par les agens de police sont vrais, ce n'est pas seulement à trois ou quatre espèces de marchandises qu'ils doivent être appliqués. Les produits de toutes les autres espèces de manufactures ne doivent pas être déshérités de cette protection bienfaisante, exercée par des commissaires que le Commerce doit accepter et ne peut faire révoquer.

INDUSTRIE. — CODE SPÉCIAL.

(Proc.-verb., tom. II, pag. 25.)

Nul prétexte de réclamer le rétablissement des jurandes et maîtrises, s'il existait, pour l'industrie, un code spécial comme pour le Commerce.

Ce code devrait déterminer d'une manière générale :

1° La nature et les effets du contrat d'apprentissage ;

2° Les droits et les devoirs respectifs des ouvriers et des chefs d'ateliers ;

3° Les moyens de prévenir les infidélités et les abus de confiance de la part des ouvriers ;

4° La garantie des propriétés industrielles et des brevets d'invention ;

5° Les moyens de prévenir et d'empêcher les contrefaçons.

INTÉRÊT DE L'ARGENT.

COURS LÉGAL. — USURE.

(Proc.-verb., tom. I, pag. 61.)

Une décision ministérielle ordonnait aux tribunaux de prononcer sur requête civile la réduction des intérêts qui, par acte ou preuves authentiques, se trouveraient avoir excédé le taux légal de 5 p. °/₀ et de 6 p. °/₀ en matière de commerce.

OBJECTIONS.

(Corresp., tom. I, pag. 3.)

1° La loi du 5 thermidor an IV a rendu les transactions libres ; on ne peut rétroactivement les attaquer.

2° L'intérêt, en matière de commerce surtout, se règle sur les besoins réciproques, sur l'abondance et la rareté des capitaux, sur les garanties offertes pour le paiement.

Le cours légal est utile comme type; il ne doit point gêner la liberté des transactions, et les tribunaux doivent ne l'adjuger que lorsqu'il n'y a pas eu d'intérêts stipulés, et ne le faire courir qu'à dater du jour de la réclamation du principal.

(Proc.-verb., tom. I, pag. 9.)

Le cours légal du commerce ne peut être fixe, il n'est autre qu'un fait basé sur le cours de la place, cours qui résulte des transactions volontaires entre les négocians.

Ce principe, admis par le grand juge, Ministre de la Justice, est inséré au journal officiel.

(Proc.-verb., tom. II, pag. 177.)

Principes de nouveau posés ainsi qu'il suit en 1807 :

Il est utile et même nécessaire de déterminer un taux d'intérêt pour toutes les transactions où les contractans n'ont pas stipulé. Cet intérêt doit être modéré et en proportion avec le revenu des terres.

L'intérêt conventionnel doit être libre : 1° parce qu'il n'est autre chose qu'une prime d'assurance des risques courus par le prêteur, risques qui varient autant que les transactions (¹); 2° parce que la limitation, surtout en matière de commerce, éloignerait les capitaux étrangers ; 3° parce que la loi prohibitive ou pénale placerait les ci-

(1) On pourrait ajouter indemnité de la privation d'un capital qui, le lendemain du prêt, aurait pu trouver un emploi avantageux.   (*Note du Rédacteur.*)

toyens entre leur intérêt et leur conscience, serait facilement éludée et affaiblirait la religion du serment ; 4° enfin, parce qu'elle anéantirait le crédit si nécessaire au négociant, au fabricant, à l'artisan peu riches, dont l'économie balance l'élévation de l'intérêt qui grossit pour eux en raison du peu de sûretés qu'ils peuvent offrir.

Avril 1832.

(Proc.-verb., tom. **V**, pag. 245.)

La fixation à 6 p. °/₀ de l'intérêt légal dans les affaires de commerce où il n'en a point été stipulé est devenue tout-à-fait exagérée, et cependant le Tribunal de Commerce ne peut, dans ses jugemens, en prononcer de moindres.

Un membre propose à cet égard de solliciter une modification de la loi : il voterait pour une réduction à 5 p. °/₀.

Le taux de l'intérêt variant nécessairement avec les circonstances, un autre membre voudrait que sa fixation fût confiée aux lumières et à l'équité des tribunaux.

Un troisième membre trouve naturel que la balance penche en faveur du créancier, puisque le débiteur, s'il trouve l'intérêt trop onéreux, le fait cesser en remboursant.

INVENTIONS (BREVETS D').

(Proc.-verb., tom. II, pag. 166.)

La délivrance des brevets a lieu sans examen comme sans garantie, crée une multitude de procès pour perfectionnemens vrais ou prétendus, et la nécessité de nombreux surveillans de la violation des priviléges.

La finance exigée d'un inventeur écarte l'industriel indigent qui mériterait faveur et récompense.

Les brevets ont favorisé peut-être l'exécution de quelques découvertes, mais ils n'en ont créé aucune.

Gratuite, leur délivrance serait une affaire d'intrigue.

Les découvertes d'une très haute importance pour l'agriculture ou l'industrie, au lieu d'obtenir un brevet, doivent être rachetées par l'État.

22 *Juillet* 1829.

(Proc.-verb., tom. V, pag. 417.)

Une série de questions posées par le Ministre devient l'objet d'un rapport étendu, dont suit l'analyse peu resserrée en elle-même, et peu susceptible de l'être davantage.

Iʳᵉ QUESTION PRÉLIMINAIRE.

Continuera-t-on la délivrance des brevets d'invention ?

Avis unanimement affirmatif.

En vain prétendrait-on que les principes de la propriété des objets matériels ne peuvent s'appliquer à l'invention ou à la pensée qui n'est produite que pour être comprise.

Que, quelque grande que soit la part de l'inventeur dans une conception première, il est impossible de soutenir qu'elle lui appartient en tous points ; que chaque homme est l'œuvre de son siècle, des siècles qui l'on précédé, de l'éducation qu'il a reçue ; que telle idée n'eût pas été conçue si l'on n'eût recueilli les idées des autres et les inventions de ses semblables ; qu'il n'est pas permis de déshériter l'avenir ; que, tous les jours, des individus, travaillant séparément à de grandes distances, rencontrent un même résultat ; et qu'il y a injustice à dépouiller l'un de sa découverte pour en assurer la propriété à l'autre, par cette seule circonstance que, placé plus près du chef-lieu où les formalités conservatrices de l'invention auront pu être remplies, il aura pu devancer son concurrent.

Vainement encore fera-t-on observer que la plupart des découvertes sont dues au hasard ; que l'intérêt particulier qui excite l'inventeur au travail et les avantages qu'il recueille le premier doivent suffire à sa récompense ; que s'il travaille pour la société, celle-ci, en utilisant les inventions, lui paie les avantages qu'elle en reçoit et ne lui doit point un privilége.

Nos temps, nos mœurs, l'éducation qui s'est propagée, les progrès des lumières et de l'esprit public, offrent-ils une garantie complète? Sommes-nous assez avancés en industrie pour que l'intérêt privé, abandonné à ses seules ressources, soit un véhicule suffisant pour nous pousser au désir d'améliorer? Les exemples de désintéressement qui portent les inventeurs des plus utiles découvertes à les sacrifier au bien commun sont-ils assez fréquens pour que la protection de la loi ne soit plus nécessaire aux inventeurs?

Non, sans doute ; et s'il est vivement à désirer que le Gouvernement encourage, par de nobles récompenses, ceux qui vouent gratuitement leurs sueurs et leurs travaux à leurs concitoyens, il n'est pas moins indispensable de conserver la protection spéciale assurée aux inventeurs de nouvelles découvertes par la loi de 1791, qui a résolu le problème de concilier les droits de l'inventeur et ceux du public.

Reconnaissance et garantie du droit de propriété au profit de l'auteur; tel est l'avantage qu'elle lui offre :

Limitation de ce droit à un temps déterminé ; telle· est la réserve qu'elle stipule dans l'intérêt social.

Et ces deux intérêts sont justement pondérés.

En effet, il ne suffit pas de favoriser le libre et entier développement des facultés humaines, il faut leur conserver le fruit de leurs travaux.

Justice ne sera pas rendue aux inventeurs , s'ils n'obtiennent d'autre droit que celui de mettre leurs inventions en œuvre et s'il est permis à tout le monde de les imiter sans travail, sans études. Sans avances premières, sans essais, sans chances de pertes, l'imitateur mettrait en œuvre la découverte d'autrui et ne lui laisserait pas même la faculté de la concurrence, puisque, n'ayant à se couvrir d'aucune de ses avances préliminaires, il pourrait offrir aux consommateurs un rabais considérable.

Mais, d'autre part, le privilége, s'il n'était limité, dépouillerait la société des avantages d'une découverte que, dans le mouvement général des esprits, un autre aurait également faite, si la carrière n'eût pas été fermée à la même étude.

II° QUESTION.

Quelles seront les inventions susceptibles d'être brevetées ? Délivrera-t-on des brevets pour celles qui ont pour but de mettre dans le commerce : 1° des produits matériels jusque-là inconnus ? 2° des objets matériels déjà connus, mais exécutés par des moyens qui étaient inconnus ou n'avaient jamais reçu la même application ? 3° des machines, appareils, instrumens, outils , procédés et autres agens matériels d'industrie, qui seraient également nouveaux ? Refusera-t-on, au contraire, de breveter les inventions dont les produits sont immatériels et n'exigent l'emploi d'aucun moyen dépendant des arts et métiers ? De quelles exceptions seraient susceptibles l'une ou l'autre de ces catégories ?

Unanime adhésion au décret du 25 septembre 1792, qui restreint les dispositions de la loi de 1791 aux découvertes ou nouvelles inventions *relatives* seulement *aux arts et métiers*, et regarde comme dangereux des brevets pour des plans de finance.

Opinion également unanime sur le danger d'introduire dans la loi des exceptions pour la première catégorie.

Si cette expression, *produits matériels*, devait s'appliquer aux productions de l'esprit, aux œuvres du génie, à tout ce qui, dans la littérature, les sciences ou les arts libéraux, tend à rehausser l'éclat et la gloire du pays, il y aurait lieu de faire remarquer que ces objets sortent du domaine du commerce et de l'industrie ; et que des lois particulières, analogues à celle du 19 juillet 1793, doivent régler, accroître la faveur particulière et les honneurs qui leur sont dus.

En ce qui concerne les exceptions relatives à la première catégorie, c'est-à-dire aux produits matériels de l'industrie agricole ou manufacturière, s'il était possible de prévoir l'immensité des conceptions que le travail et l'industrie peuvent créer ; s'il y avait moyen de classer les résultats des inventions futures, en les comparant aux conceptions passées ; si l'on pouvait enfin calculer approximativement ce qui est fait en matière de découvertes et ce qui en reste à faire, l'énumération des objets pour lesquels des brevets pourront être concédés serait une idée admissible ; mais du moment que toute nomencla-

7

ture de ce genre est impossible, nulle autre distinction n'est admissible que celle qui sépare les arts industriels des arts libéraux.

Tout ce qui, relativement aux premiers, sera nouveau et matériel doit être breveté ; mais ce principe général ne saurait s'étendre raisonnablement au simple changement d'application d'une découverte déjà faite à une matière différente. Ainsi, par exemple, l'emploi pour la filature de la laine, du fil ou du coton, d'une machine inventée pour la filature de la soie, sans aucune addition, ni modification, ne saurait, sans ridicule, être considéré comme une découverte, une création nouvelle. De futiles distinctions ne méritent point un brevet.

III⁰ QUESTION.

Y a-t-il lieu d'apporter des modifications aux lois existantes, en ce qui concerne la propriété des dessins et modèles pour les fabriques ?

Non, en tant que la question s'applique aux précautions indiquées par les art. 1 et 6 du titre 2 de la loi du 25 mai 1791, qui ordonnent le dépôt d'une description, ainsi que des dessins et modèles relatifs à l'objet pour lequel la demande est formée.

Mais si ces mots, *modifications des lois existantes*, ont rapport aux conseils de prud'hommes créés à des époques postérieures, d'abord exclusivement à Lyon, puis étendus à toutes les villes de France pour lesquelles il y aurait demande motivée des Chambres de commerce ou des Chambres consultatives des manufactures, une révision est nécessaire pour mettre en harmonie la loi primitive des brevets d'invention avec les dispositions du décret du 11 juin 1809, lequel a décidé que les fabricans qui voudraient revendiquer par la suite, devant les tribunaux de commerce, la propriété des dessins de leur invention, seraient tenus d'en déposer au conseil des prud'hommes un échantillon sous enveloppe cachetée par ce conseil et par eux-mêmes ; et aussi avec les dispositions du décret du 20 février 1810.

Ce dernier décret concède à certains objets fabriqués un privilége perpétuel, tandis que le privilége d'un brevet d'invention n'est que temporaire. Cette anomalie ne saurait subsister.

A l'occasion des conseils de prud'hommes, il est à remarquer qu'il n'en existe point à Paris, où divers fabricans en ont sollicité la création.

Quelle que puisse avoir été l'utilité de ces conseils dans les provinces, il est difficile de pressentir les effets qu'une semblable institution produirait dans la capitale, où la multiplicité des genres d'industrie exploités étendrait peut-être sans mesure les attributions des prud'hommes.

Il est d'ailleurs en général plus utile de simplifier les degrés de juridiction que de les compliquer.

IVᵉ QUESTION.

L'invention d'un perfectionnement appliqué à une industrie préexistante, doit-elle donner des droits pour ce perfectionnement? Quels seraient ces droits?

Vote en majorité mais non pas unanime pour le maintien de la législation actuelle sur les brevets de perfectionnement.

Sur cette question (savamment controversée par MM. Chaptal et Renouard), bien que ne considérant pas comme placés au même rang l'inventeur primordial et l'auteur d'un perfectionnement, parce que c'est presque toujours à la première découverte qu'est due la seconde qui n'eût pas existé sans la conception originale ; tout en se décidant pour le maintien de la législation qui conserve aux auteurs de perfectionnemens les mêmes avantages concédés à l'inventeur primitif, la Chambre signale néanmoins comme un abus la facilité avec laquelle on les délivre aux auteurs des inventions premières eux-mêmes, lesquels dissimulant, lors de leur première description, quelques accessoires peu importans de leurs procédés, les tiennent en réserve pour un brevet de perfectionnement qui provoque le privilége. La Chambre exprime le vœu que, sans déroger aux principes, on puisse remédier à cet abus.

Vᵉ QUESTION.

Les importations d'industries étrangères, inconnues en France, méritent-elles d'être brevetées? Quels seraient les droits attachés à ces brevets?

Y aurait-il lieu à distinguer entre les importations de procédés et moyens d'industrie connus dans l'étranger, quoiqu'inconnus en France, et les importations des procédés et moyens d'industrie tenus secrets dans l'étranger ?

Avis unanime pour la suppression des brevets d'importation, même en ce qui concerne les procédés tenus secrets à l'étranger.

En ce qui concerne la première catégorie (qui a donné lieu à des procès épineux, relativement aux idiômes dans lesquels le procédé était publié), attendu que les priviléges sont de droit strict et nuisibles, lorsqu'ils ne sont pas justifiés comme récompense, ou plutôt comme indemnité du travail de l'inventeur, du temps qu'il y a consommé, des frais qu'il a dû faire ;

Attendu encore que les développemens du génie industriel en France, et nos communications plus fréquentes avec l'étranger, ont rendu désormais inutile cette faveur, jugée nécessaire à une époque où la guerre maritime avait en quelque sorte isolé la France ;

En ce qui concerne les procédés tenus secrets à l'étranger ; attendu que l'importateur qui les acquiert ou les dérobe peut prendre un brevet ordinaire, comme s'il en était inventeur ; et que la distinction introduite dans la loi ferait naître des procès nombreux sur la question de savoir quand, comment, à quelle époque l'invention réputée secrète à l'étranger est devenue publique.

VIᵉ QUESTION.

Dans quelle forme doivent être conçues les demandes de brevet ? Que doivent-elles contenir ? A quelle autorité doivent-elles être adressées et remises ?

Adhésion aux bases établies et existantes pour les demandes de brevets, sauf la refonte en un seul corps des dispositions prescrites par les lois des 5 janvier 1791, 25 mai suivant, et par l'arrêté du 5 vendémiaire an IX, de manière à tracer d'une manière claire et moins compliquée les formalités à remplir pour l'obtention du titre.

VIIᵉ QUESTION.

La délivrance des brevets doit-elle être soumise à un examen préalable ?

Résolution unanimement négative.

C'est à leurs risques et périls que ceux qui se disent inventeurs prennent des titres; c'est à eux à rechercher si ce qu'ils croient avoir imaginé n'est pas une découverte déjà livrée au public.

Soumettre les inventions à des examens préalables, c'est exposer leurs auteurs à les perdre, puisqu'ils sont obligés de les divulguer; c'est faire peser sur l'administration une responsabilité dont la prudence commande de l'affranchir.

VIIIᵉ QUESTION.

Introduira-t-on, en faveur des tiers, un moyen quelconque de s'opposer à la délivrance du brevet, après la demande formée ?

Résolution négative.

Concéder ce droit d'opposition serait accorder la faculté d'enchaîner les industries nouvelles ou de les paralyser.

La société n'en recueillerait aucun avantage.

La loi ne garantissant ni la priorité, ni le mérite, ni le succès des inventions, peu importe qu'elles soient attaquées avant ou après leur promulgation.

C'est bien assez de charger les tribunaux du jugement des attaques dirigées contre les droits concédés, sans ouvrir le champ à des procès sur la possibilité de leur concession.

La loi de 1791 autorisait les concessionnaires d'un brevet à requérir, moyennant bonne et solvable caution, la saisie des objets contrefaits.

Par une disposition additionnelle à la loi du 25 mai, les brevetés ont été dégagés de l'obligation de donner caution; mais l'autorisation de requérir la saisie leur a été en même temps retirée.

Depuis cette époque, les tribunaux n'ont plus été d'accord sur les mesures conservatrices à prendre, soit dans l'intérêt des brevetés soit dans celui des industriels accusés de contrefaçon.

Il est résulté de ces divergences d'opinions que l'on a vu des soi-disant inventeurs, abusant de titres subreptices, entraîner la ruine d'entreprises industrielles, sans offrir par leur fortune les moyens de réparer le mal qu'ils avaient causé.

Il semble donc important de préciser d'une manière franche, lucide et formelle, les actes conservatoires que les tribunaux pourront prescrire par provision, en attendant le jugement au fond : actes tels qu'ils concilient le respect dû aux propriétés et la protection due aux inventeurs.

IX° QUESTION.

Quel sera le mode de délivrance des brevets ?

Nul motif n'est aperçu qui réclame le changement des dispositions actuellement en vigueur.

X° QUESTION.

Quelles seraient les formalités que les propriétaires de brevets auraient à remplir, dans le cas où, postérieurement à la demande ou à la délivrance de leur titre, ils voudraient apporter des changemens ou additions à l'invention qui y est décrite ?

Votes unanimes pour le maintien de la législation actuelle, et nommément des art. 6 et 7, titre 2 de la loi du 25 mai 1791.

XI°, XII° ET XIII° QUESTIONS.

Les demandes des brevets doivent-elles être rendues publiques ? Doit-il en être de même des descriptions d'inventions brevetées ? La publicité devrait-elle être facultative ou obligatoire ? Serait-elle susceptible d'exception ? Comment et à quelle époque aurait-elle lieu ?

Vote, en majorité seulement, pour le maintien de la législation actuelle, sauf la modification de cette disposition de la loi de 1791, qui excepte de la publicité les inventions que leurs auteurs, par des raisons politiques ou commerciales, demandent à tenir secrètes, modifications désirées dans ce sens que l'exception à la publicité ne pouvant être légitimée que par l'intérêt public, doit être restreinte et prononcée par l'autorité plutôt que laissée au libre arbitre des inventeurs.

Motifs développés en faveur de l'une et l'autre opinion.

En faveur de la publicité on a cité l'exemple de l'Angleterre, où les découvertes brevetées sont périodiquement annoncées.

On a fait observer que si la loi doit protection au premier inventeur elle ne doit pas décourager ceux qui, dans l'ignorance d'une découverte première, sont arrivés à une seconde ; que si ces derniers ne peuvent ni ne doivent obtenir, au nom de la société, un privilége qu'elle a déjà concédé, il ne faut pas non plus les exposer à des procès de contrefaçon, et que le seul moyen de les en garantir est de les tenir avertis des résultats obtenus avant eux dans les combinaisons qu'ils entreprennent.

Que si cette publicité, obligatoire, gênait les inventeurs, ils ne prendraient pas de brevets ; ce qui tournerait au profit de le société : qu'à cet égard on pouvait s'en rapporter aux conseils de leur propre intérêt, et que, dans le doute, l'intérêt du public devait toujours emporter la balance.

La crainte de décourager les efforts de l'esprit d'invention et celle de favoriser les contrefaçons ont déterminé la majorité en faveur du maintien de la législation existante, sauf la réserve ci-dessus énoncée.

XIVᵉ QUESTION.

Quelle serait l'époque précise de l'entrée en jouissance d'un brevet ? Cette époque sera-t-elle la même pour l'ouverture du droit et pour son exercice ?

Vote unanime pour le maintien des dispositions en vigueur.

La loi à intervenir devra reproduire les deux dispositions en vertu desquelles la délivrance des certificats de demande de brevet formée près du Ministre, établit une jouissance provisoire qui devient définitive par l'expédition du brevet, et qu'en cas de contestation entre deux brevets, la priorité est acquise à celui qui, le premier, a fait le dépôt des pièces exigées par la loi de janvier 1791.

Reproduire ces dispositions dans la loi ce sera prévenir les contestations qui pourraient s'élever sur la légalité du décret qui les a établis.

XVᵉ QUESTION.

Quelle sera la durée des brevets ?

Vote unanime pour le maintien de l'art. 8 de la loi de 1791, qui fixe la durée des brevets à cinq, dix ou quinze années, au choix de l'inventeur.

Observation. La Chambre ayant voté plus haut la suppression des brevets d'importation, la présente question devient nulle en ce qui les concerne.

Mais si cette catégorie de brevets était maintenue, l'art. 9 de la même loi qui limite la durée des patentes d'invention importée à la durée qui est fixée dans l'étranger à la jouissance de l'inventeur, devrait également subsister.

Un décret de 1810 (non publié) avait accordé à ces brevets d'importation la même durée qu'aux brevets d'inventions nationales.

Ce décret, rendu sous l'empire du système prohibitif, n'est plus en harmonie avec l'état progressif de notre industrie.

Ce serait lui nuire essentiellement que lui ravir l'usage d'un procédé qui, dans l'étranger, serait tombé dans le domaine public.

XVIe QUESTION.

Les brevets peuvent-ils être prorogés? Dans quels cas? Par qui? Et dans quelle forme?

Résolution unanimement négative contre toute prorogation des brevets.

S'il convient d'honorer, même de récompenser les auteurs d'inventions utiles, il ne faut pas, pour cela, paralyser le génie de ceux qui peuvent utiliser les découvertes déjà faites, en perpétuant indéfiniment des restrictions qui l'enchaînent.

XVIIIe QUESTION.

Les brevets doivent-ils être assujétis au paiement d'une taxe spéciale? Quelle en sera la quotité?

Vote unanime pour le maintien du tarif établi par la loi du 25 mai 1719. Si, conformément à l'usage de plusieurs pays, la durée des brevets était changée, le tarif devrait l'être en proportion.

XVIII⁰ QUESTION.

A quelle époque ou à quelles époques, et de quelle manière sera-t-elle payée ?

Adhésion unanime aux articles 3 et 4 de la loi du 25 mai 1791 relativement au paiement de la taxe des brevets.

XIX⁰ QUESTION.

Quelles personnes pourront être brevetées et propriétaires de brevets ?

Unanimité contre toute dérogation aux principes généraux du droit commun et de la priorité. Les lois de 1791 n'ont fait à cet égard aucune distinction ; et tout inventeur, regnicole ou étranger, a des droits égaux à la protection du pays qu'il honore ou qu'il sert.

XX⁰ QUESTION.

Quels seront les droits des propriétaires de brevets ?

Vote unanime pour le maintien des articles 12 et 14 de la loi de janvier 1791, qui assurent aux inventeurs la libre disposition de cette propriété mobilière. Semblable vote pour la conversion en loi de la disposition du décret du 25 novembre 1806, qui a levé l'interdiction des associations par action pour l'exploitation des entreprises brevetées, interdiction que prononçait l'article 14 de la loi du 25 mai 1791.

L'exemple de l'Angleterre où les associations de plus de cinq personnes sont interdites pour l'exploitation des brevets (*patents*), et la crainte de voir monopoliser les meilleures conceptions, et de leur laisser développer une extension funeste aux autres, ont donné naissance à cette restriction.

Mais si la découverte est bonne, on ne saurait trop multiplier ses effets ; si elle est mauvaise, il vaut mieux que les pertes qu'elle peut entraîner soient supportées par un plus grand nombre. Le droit de propriété ne doit point éprouver de restriction sans la plus évidente nécessité, et l'esprit d'association est trop utile à l'industrie et au commerce pour ne pas mériter en France les plus grands encouragemens.

XXI° QUESTION.

Pour être recevable à revendiquer les droits attachés à un brevet, sera-t-on tenu d'apposer une marque distinctive sur les produits des inventions brevetées ?

L'apposition d'une marque sur le produit des inventions, usitée en Angleterre comme moyen de publicité, peut exciter l'amour-propre des inventeurs en les faisant connaître ; elle ajoute à la difficulté des contrefaçons celle du cachet qui distingue les produits de l'inventeur ; ces marques sont en conséquence jugées utiles.

XXII° QUESTION.

Comment doivent être opérées les cessions partielles ou totales des brevets, ou les autorisations à se servir des brevets ?

Vote unanime pour le maintien des dispositions législatives de 1791, qui défendent de céder les droits à un brevet autrement que par actes notariés et publiés dans la même forme que les brevets. Il est indispensable que le public soit constamment averti des changemens qui surviennent dans la propriété des inventions, pour éviter les difficultés qui surgiraient trop facilement dans leur usage et dans leur application.

XXIII° et XXVII° QUESTIONS RÉUNIES.

Quelles seront les réparations dues aux brevetés, en cas de violation de leurs droits ?
Quelles seront les peines de contravention à la loi sur les brevets ?

Examinées simultanément, parce qu'elles partent du même principe, ces deux questions sont résolues par un vote unanime en faveur du maintien de l'art. 12 de la loi du 7 janvier 1791, qui punit le contrefacteur par la confiscation, l'amende et des dommages et intérêts, et de l'art. 13 de la même loi, qui frappe des mêmes peines les inventeurs qui ont élevé sans preuves une accusation de contrefaçon.

Il est nécessaire cependant d'expliquer clairement que la saisie s'applique à l'objet contrefait, mais à cet objet seul.

On a vu saisir des bateaux auxquels étaient appliquées des roues à aubes pour les faire marcher. C'est comme si l'on eût saisi un cheval dont le harnois eût été argué de contrefaçon.

La législation doit prévenir de semblables prétentions; tant que la contrefaçon n'est pas prouvée on ne doit pas permettre que celui qui en est seulement prévenu soit paralysé dans son industrie et troublé dans ses affaires; car il arrivera souvent, comme il est arrivé déjà, que le prétendu inventeur sera déchu de sa patente, et qu'il ne pourra plus ensuite indemniser celui auquel il aura injustement suscité un mauvais procès.

XXIVᵉ QUESTION.

Quelles seront les causes de nullité des brevets et celles de déchéance?

Vote unanime pour le maintien des § 1 et 2, art. 16 de la loi du 16 janvier 1791.

Même vote pour une révision du 3ᵉ §, afin de prévenir par des expressions moins vagues les procès qui se sont élevés et soutenus relativement à la langue dans laquelle des procédés déjà connus se trouvaient publiés (voir la cinquième question).

En ce qui concerne le § 4 du même art. 16, même vote pour la restriction, à un an, du délai de deux ans accordé à l'inventeur breveté pour mettre en activité sa découverte.

C'est à celui qui sollicite un brevet à savoir s'il peut le mettre en œuvre; s'il n'en a pas les moyens, il ne doit pas enchaîner ceux qui le feraient peut-être sans lui. Enfin, vote également unanime pour la suppression du cinquième paragraphe qui dépouille de son brevet l'inventeur qui, pour le même objet, en prendrait un en pays étranger.

S'il est glorieux pour un pays de consacrer l'origine nationale d'une découverte utile, la loi consulte des intérêts d'un autre ordre; c'est dans celui des consommateurs et des inventeurs qu'elle est écrite.

Les premiers ne peuvent que gagner à la concurrence des manufactures étrangères : plus un objet est fabriqué, moins il est cher.

L'inventeur a intérêt à jouir, dans toute leur étendue possible, des droits de sa découverte; la restriction que ce § lui impose est grave.

Pourquoi, s'il ne trouve dans son pays qu'un appui insuffisant, l'empêcher d'en obtenir ailleurs un plus efficace? Si son industrie lui profite en pays étranger, la patrie rentrera, tôt ou tard, dans les avantages qu'elle lui aura concédés; s'il échoue, elle n'aura pas payé d'infructueux essais.

Enfin, la prohibition est illusoire, car l'inventeur peut à l'étranger prendre patente sous un nom supposé ; et il ne reste alors, pour son pays que les doutes sur l'antériorité de sa découverte et les ennuis d'une revendication historique.

XXVe QUESTION.

Devant quels juges seront portées les actions en nullité ou en déchéance de brevets et celles pour trouble et contrefaçon ? Et quelle est la meilleure procédure à suivre ?

Vote unanime pour l'attribution aux tribunaux de commerce des contestations relatives aux brevets ; attribution confiée aux juges de paix par l'art. 10 de la loi du 25 mai 1791.

Le but que cette loi s'est proposé en adoptant cette voie judiciaire, était d'éviter les frais aux parties; mais l'expérience a démontré qu'il n'était pas sans danger de confier à un seul homme le jugement de procès du plus haut intérêt.

Quelqu'honorables, quelqu'éclairés que soient ces magistrats, il est difficile qu'ils comprennent et jugent les contestations qui s'élèvent sur des matières aussi étrangères à leurs occupations habituelles.

Les connaissances industrielles nécessaires pour apprécier les difficultés de cette nature, la facilité d'obtenir sur ces matières des documens exacts et complets ; tout indique la convenance de déférer le jugement de ces questions commerciales à des juges commerçans.

XXVIe QUESTION.

Comment devraient être réglés les effets de la chose jugée en matière de brevets ?

Comme ils le sont devant les tribunaux de commerce, c'est-à-dire suivant les formalités tracées par le titre 25 du livre 2 du Code de procédure.

En offrant aux justiciables une sécurité plus grande, cette marche ne leur occasionnerait pas de plus grands frais; elle est donc pour eux préférable.

XXVIIe QUESTION.

Traité plus haut avec la XXIIe.

XXVIIIe QUESTION.

Convient-il de donner aux inventeurs, à l'imitation du *caveat* usité en Angleterre, un moyen provisoire d'assurer une date certaine aux premiers résultats de leurs recherches ?

La crainte de compliquer notre législation, de faire intervenir d'une manière quelconque le pouvoir administratif dans une concession prématurée et de donner à des découvertes encore incertaines un caractère de vérité que, peut-être, elles ne conserveront pas, à divisé la Chambre sur la question d'admission du *caveat* anglais. Cependant, attendu que le *caveat* tend à favoriser des essais utiles au progrès des arts, essais qui pourraient n'être pas tentés, si l'inventeur n'avait pas placé ses principes et ses moyens sous la sauve-garde de la loi avant de faire les frais d'une patente.

La majorité de la Chambre, en admettant du *caveat* ce qui lui semble utile et en écartant ce qui lui semble vicieux dans l'application, est d'avis :

Que les auteurs de découvertes, non encore éprouvées, soient autorisés à consigner sur un registre tenu dans les chefs-lieux de préfecture, les idées premières de leurs inventions;

Que l'acte de déclaration qui leur serait délivré, soit purement conservatoire de leur droit;

Qu'un délai de trois mois leur soit fixé pour la réalisation de leurs essais ;

Qu'à l'expiration de ce délai leurs droits à la priorité soient périmés, s'ils n'ont pas levé leur patente dans les formes prescrites.

Qu'au contraire, la délivrance de leurs brevets dans ce délai de trois mois, assure la priorité à leur conception antérieurement déclarée.

JEU (MAISONS DE).

16 fructidor an XIII.

(Corresp., tom. II. pag. 43.)

Adresse de la Chambre à l'Empereur pour la suppression des maisons de jeu. Cette adresse, très étendue et très remarquable, veut être lue en son entier.

S'en référant particulièrement au Ministre pour le débat de cette question sous le rapport moral, la Chambre l'envisage et la traite plus particulièrement sous ses rapports et ses dangereuses conséquences à l'égard du commerce, dont le succès repose essentiellement sur ces bases :

Capitaux, économie, intelligence, crédit.

(Proc.-verb., tom. II, p. 120.)

La Chambre demande que du moins les maisons de jeu ne s'ouvrent qu'après la rentrée des garçons de caisse.

JURANDES ET MAITRISES.

10 *Thermidor an* XI.

(Proc.–verb., t. Ire, p. 41.)

Au moyen d'une patente, est marchand qui veut; et depuis la révolution, jeté hors de sa sphère, tout le monde l'a voulu. Ce nombre excessif graduellement se réduira; mais la plaie du commerce, c'est qu'on puisse l'entreprendre sans connaissances acquises, sans crédit, sans principes, sans moralité.

De ces prémisses, un membre fait ressortir la nécessité de rétablir les jurandes, mais comme corps censoriaux et sans finance de maîtrise.

Un petit nombre appuie cette opinion; ils ne veulent pas limiter l'industrie, mais repousser l'immoralité et l'incapacité.

Ce système est repoussé par la majorité; elle pense :

Qu'une garantie n'est due au public que pour les objets que l'acheteur ne peut juger lui-même.

Ainsi des poinçons sont nécessaires pour les métaux et leur essai, des examens sont requis pour l'exercice de la médecine et de la pharmacie.

Mais en fait d'arts et de commerce, ou l'acheteur est bon juge, ou il peut être trompé : s'il est connaisseur, il n'a pas besoin de garanties; s'il est abusé, il ne le sera pas deux fois. Un titre, un brevet quelconque, sera bientôt imposé à une finance ou à un cautionnement; n'y eût-il ni cautionnement, ni finance, une valeur vénale sera bientôt attachée au titre.

Dans le commerce d'échanges qu'exigera-t-on d'un candidat? Qu'il connaisse la tenue des livres, les formes de comptoir. Est-ce là la science qui constitue le négociant?

Dans les manufactures, les jurés seront d'anciens fabricans, ils repousseront le concurrent qui voudra s'établir près d'eux; et plus il annoncera d'habileté, plus il rencontrera d'obstacles.

Laissez faire, et pour la prospérité du commerce appelez plutôt de toutes les parties de l'Europe des rivaux de votre industrie.

Octobre 1817.

Nouvelles tentatives pour le rétablissement des maîtrises par un avocat, M' le Vacher du Plessis, collecteur de signatures de marchands. Nouveau soulèvement de la Chambre contre cette tentative, et ordre de rendre son avis public par la voie des journaux.

11 *février* 1824.

Mémoire en faveur des maîtrises par le président du tribunal de commerce d'Arras. La Chambre n'y trouvant pas un seul argument qui n'ait été déjà victorieusement réfuté, s'abstient de répondre.

Elle remarque seulement, en ce qui concerne l'Angleterre (citée comme exemple et comme autorité), qu'elle fournit au contraire un argument sans réplique contre les jurandes : c'est que les fabriques ont disparu de Londres et des autres villes qui ont conservé leurs corporations, tandis que Liverpool, Bristol, Glasgow, Vhalley, Birmingham et Manchester, libres de cette entrave, ont fait en industrie et en commerce des progrès immenses.

6 *Octobre* 1834.

La Chambre se plaint du rétablissement des bouchers en corporation sous la tutelle d'un syndicat.

22 *Juin* 1831.

(Proc.-verb., tom. **V.**)

Les carriers de pierres à bâtir du département ont demandé à former un syndicat et à se réglementer. M. le Préfet est prié de repousser ce projet, qui tend au monopole.

LAINES (FOIRE AUX).

24 *Février* 1813.

(Proc.–verb., tom. III, p. 45.)

Le Ministre de l'Intérieur consulte la Chambre sur l'utilité d'une foire dans Paris pour les laines fines et perfectionnées.

A ses questions, au nombre de cinq, la Chambre répond :

1° Oui, une telle foire aura les plus grands avantages ;

2° L'époque convenable pour sa tenue serait du 25 juin au 5 juillet ;

3° Ne pouvant désigner un local convenable et disponible, elle s'en réfère à M. le Préfet ;

4° Une régie ou chambre de courtage, pour la vente des laines que le propriétaire ne suivrait pas, serait plus nuisible qu'utile, et certainement éloignerait le Commerce. Le tribunal de Commerce peut au besoin désigner quatre courtiers pour vendre au compte des absens. L'Administration ne doit se montrer dans une telle foire que comme surveillante pour le maintien de l'ordre et de la police.

5° Des primes aux améliorations sont certainement utiles; mais dans une telle foire des médailles d'or et d'argent sont la seule récompense qu'il convient d'offrir aux producteurs de laines perfectionnées.

LAINES FINES.

(LE DROIT D'ENTRÉE.)

Décembre 1828.

(Proc.–verb., tom. V, p. 36.)

M. Ternaux combat l'élévation des droits d'entrée sur les laines fines. Sans négliger , dit-il, l'amélioration de ses races, l'Angleterre

8

importe des laines fines dans la mesure de ses besoins, et par là procure à ses fabriques de draps fins et autres étoffes analogues une exportation annuelle de 160 millions. Ses laines indigènes offrent également pour la fabrication, comparativement aux nôtres, un avantage de 35 p. %.

Notre agriculture, qui préfère les gros moutons, n'améliore pas
les races. Les agronomes *en carosse* qui soignent des troupeaux di-
rigent leurs exploitations avec un luxe, dont les prohibitions les plus
sévères ne couvriraient pas les charges. M. Ternaux pense, qu'à l'i-
mitation de l'Angleterre, nous devons, mais *graduellement*, abolir le
droit d'entrée sur les laines étrangères, et interdire les exportations
des nôtres ; et dès à présent, il demande la réduction du droit de 33
à 20 p. %.

La Chambre s'étonne d'une opinion aussi tranchée ; elle craint que
notre agriculture n'en éprouve un coup mortel par la concurrence
du pays où la nourriture des bêtes à laine ne coûte presque rien.

Franchissant la question des bases sur lesquelles doit reposer
l'assiette du droit, la Chambre traite de sa restitution à la sortie ou
drawback appliqué aux laines fabriquées. Quelques membres pensent que ce drawback doit être de 50 p. % des droits payés à l'entrée ; mais la Chambre ne se trouve pas assez éclairée pour émettre
un vœu précis à cet égard ; elle se prononce seulement sur la nécessité d'une augmentation immédiate du drawback actuel, qui n'est
que de 10 fr. pour 33 fr. d'entrée.

LAZARETS.

L'énorme distance où Marseille se trouve placée de l'intérieur du
royaume et de la capitale, le prix excessif du transport fluviatile en
remontant le Rhône, prix que diminuerait fort peu même un canal
latéral, détermineraient la direction, vers nos ports de l'Océan, d'une
grande partie des expéditions du Levant, si, dans ces ports comme
à Marseille, il existait des lazarets où pût être purgée la quarantaine exigée à l'égard des provenances du Levant.

Un membre propose en conséquence de solliciter l'établissement de lazarets dans quelques-uns de nos ports occidentaux.

Persuadée que le Gouvernement ne consentirait à cette création que dans le cas où le Commerce lui-même en ferait les frais, au moins à titre d'avance remboursable sur le produit de ces établissemens, la Chambre ajourne cette affaire pour n'y donner suite, s'il y a lieu, que de concert avec les ports, notamment avec celui du Hâvre.

LAZARETS ÉTRANGERS,

ABUS Y COMMIS PAR LES POSTES AUTRICHIENNES.

(Proc.–verb., p. 350; proc.-verb., p. 83, 90.)

Sous prétexte de purification, les bureaux de santé établis dans l'Italie autrichienne coupent les cachets des lettres de commerce venant du Levant au lieu d'y pratiquer des incisions et de les passer au vinaigre comme on le pratique dans nos ports, et particulièrement à Marseille. Le Commerce se plaint de cette violation du secret de sa correspondance. La Chambre transmet ces plaintes au Ministre des affaires étrangères.

30 *Septembre* 1835.

Réponse du Ministre en style diplomatique qui ne promet aucun résultat favorable.

27 *Janvier* 1836.

Autre lettre ministérielle qui ne laisse aucune espérance d'obtenir la cessation de ce genre d'avanie.

LETTRES DE CHANGE.

29 *Fructidor an* XI.

(Proc.-verb., tom. I, p. 55, 57.)

Le projet de Code déclarait simples mandats les lettres de change tirées d'un lieu sur le même lieu, et cette disposition est tacitement confirmée par les art. 110 et 636 de la loi.

La Chambre a voté en sens contraire par divers motifs.

On a dit que les lettres de change tirées d'un lieu sur le même lieu étaient tout aussi naturelles que celles qui sont tirées d'un lieu sur un autre, puisque toutes deux ont pour objet le paiement à terme d'une marchandise vendue, et que l'espace parcouru par la marchandise vendue ou la distance entre les contractans ne changeaient rien à la nature de l'opération ; que, surtout dans une ville comme Paris, ce mode de liquider une transaction était tout aussi utile et commode que d'une place à une autre. Enfin, que l'exception qui qualifiait de *simples promesses* ces lettres de change n'aurait d'autre effet que de multiplier *les faux* relatifs à la date de lieu, particulièrement à Paris, où tous les jours on crée des lettres de change datées de l'étranger.

5ᵉ *Complément, an* XI.

Les art. 104 du projet, 143 du Code, veulent qu'une lettre de change soit payée dans la monnaie qu'elle indique.

La Chambre était d'avis que cette obligation ne fût consacrée que lorsque le tireur en avait manifesté l'intention par les mots *et non autrement* ; et qu'à défaut de cette énonciation, la traite pût être acquittée par une valeur égale et représentative en monnaie courante.

Il n'y a, pensait-elle, ni nécessité, ni utilité ; il n'y a au contraire que des inconvéniens à exposer le tireur et les porteurs à des embarras et à des frais de retour, parce que la monnaie exprimée ne se trouvera pas lors du paiement dans la main du tiré, s'il peut, par une monnaie courante, acquitter intégralement les valeurs dues.

5e *Complément, an* XI.

Cette opinion de la Chambre n'est cependant pas unanime. Deux membres appuient le maintien de la disposition comme favorable au commerce des monnaies.

LIBRAIRIE.

(Proc.-verb., tom. IV, pag. 369.)

M. le Ministre le l'Intérieur interroge la Chambre sur un projet de limiter le nombre des libraires.

Fidèle à ses principes de la liberté générale du Commerce, la Chambre repousse cette proposition.

(Proc.-verb., tom. V, pag. 445.)

MM. Truttel et Wurtz se plaignent des contrefaçons des imprimeurs belges qui ruinent la librairie française.

N'apercevant aucun moyen d'y remédier, la Chambre se borne à intéresser le Ministre à la recherche de ces moyens.

De quel droit, dit un membre, osons-nous nous plaindre ? Ne nous renverra-t-on pas un reproche non moins fondé au sujet des brevets d'importation ?

MANUFACTURES DIVERSES,

ET PARTICULIÈREMENT DE CELLES DE COTON.

(Proc.-verb., t. I, p. 90, 91, 92.)

Une question (applicable à presque tous les genres de fabriques et de manufactures) est agitée dans la Chambre à l'occasion d'un arrêté du 6 brumaire an XII, relatif aux cotons.

Un membre, défenseur du système prohibitif ou restrictif, exprime d'abord le regret de voir l'industrie française diriger ses capitaux et ses efforts vers l'emploi d'une matière première exotique, dont la guerre peut interrompre les arrivages ou élever les prix hors de mesure.

Il lui paraîtrait bien préférable de porter à son plus haut développement possible la fabrication de nos matières premières indigènes.

Généralisant la thèse et l'appliquant à toute industrie naissante, le même membre pense que cette industrie ne peut obtenir de succès que sous la protection des douanes et d'un impôt considérable, maintenu jusqu'à ce que, perfectionnée, assurée de ses approvisionnemens, et toutes choses égales d'ailleurs dans ses frais et débours, elle puisse soutenir la concurrence des fabriques étrangères de la même nature.

Et de ces deux moyens, *l'impôt* ou la *prohibition*, c'est le dernier que le même membre préfère, parce que la saisie d'une marchandise prohibée étant autorisée partout, offre contre la fraude une garantie beaucoup plus assurée que la simple garde d'un cordon qu'il suffit de franchir pour être à l'abri de toutes recherches.

Appliquant ses principes aux cotons, le même membre allègue que les Anglais ont sur nous un avantage de 30 à 40 p. % résultant de leur navigation dominatrice, de l'abondance des capitaux et du bas prix de l'intérêt, de la perfection des mécaniques, de l'habileté et du nombre des ouvriers.

Dans les idées du même membre, la marche de l'administration doit être celle-ci : 1° s'assurer des cotons dont l'arrivage ne puisse être interrompu ni renchéri; 2° défendre l'exportation de ceux que l'on aura pu se procurer; 3° affranchir de toute concurrence les filatures jusqu'à ce qu'elles aient vaincu ou égalé celles de l'Angleterre ; 4° enfin, et seulement après le succès, s'occuper des tissus qui ruineraient nos filatures, si **nos** manufactures obtenaient l'entrée des fils anglais, et tomberaient ensuite elles-mêmes par l'effet d'une prohibition anglaise qui leur refuserait le fil.

Ces argumens sont tour à tour réfutés.

Et d'abord, en observant que l'intérêt des consommateurs a droit peut-être à la priorité des égards sur celui du commerce; 2° qu'il faut aussi distinguer avec soin l'intérêt des manufacturiers de celui de la manufacture, qui ne se perfectionnera que sous l'aiguillon de la concurrence, fâcheuse pour la paresse de quelques hommes et nourrice de l'industrie; 3° que si l'on consulte les intérêts privés, on établit entre eux une lutte incessante : qu'ainsi, par exemple, en fait de cotons, le fileur veut aller prendre ses matières premières, s'il le faut, à Londres même; le tisseur veut partout choisir son fil : le brodeur et le fabricant de toiles peintes être affranchis du monopole des tisseurs; en un mot, chacun réclame l'exclusif pour ses ventes, la liberté pour ses achats. Qui fera cesser cette lutte? Qui contraindra chacun dans sa partie à s'évertuer? La concurrence, la liberté sans restrictions.

La préférence de la prohibition à l'impôt est également combattue, parce qu'elle n'est qu'un appât de plus à la fraude, et qu'en supposant même que celle-ci pût être avec succès combattue, ce ne saurait être qu'à l'aide d'une nuée de commis, par des recherches odieuses, un espionnage immoral, la violation de tous les asiles, en un mot, avec des inconvéniens tels que la découverte de la fraude deviendrait un mal plus grand que la fraude elle-même.

Des droits d'entrée n'ont pas ces inconvéniens fatals, surtout si le gouvernement sait en faire un levier mobile, qui s'élève ou s'abaisse, suivant le prix courant des assurances de fraude.

L'avantage supposé de 3o ou 4o p. °/₀ au profit des Anglais est une exagération. On peut avoir les cotons en laine au même prix qu'eux; le taux de l'intérêt se compense pour nous par la modération du prix de main-d'œuvre. A l'égard des mécaniques, heureuses seront les pertes qui nous contraindront à les imiter.

En 1786, quelques manufacturiers ont souffert sans doute; mais nous n'aurions encore aujourd'hui que des verres et des faïences lourds et grossiers, si la concurrence anglaise ne nous avait appris à les rivaliser, à les surpasser même par l'élégance des formes.

A l'idée de graduer les faveurs suivant l'échelle croissante des manipulations, on oppose l'expérience de la Suisse, qui ne s'est point hérissée de barrières, qui d'abord a fabriqué des toiles avec des fils anglais, et chez qui le succès des tissus a fait naître les filatures. Onze membres sur treize présens approuvent ce rapport.

6 *Novembre* 1816.

(Proc.–verb., tom. III ; Correspond., tom. IV.)

Dans un système différent, et dans l'espoir d'un perfectionnement prochain de nos filatures, la Chambre demande au Ministre la prorogation de la prohibition des fils de coton étrangers, des numéros les plus élevés.

MARCHÉS A TERME ET MARCHÉS FICTIFS.

(Proc.-verb., tom. II, pag. 245.)

Le désordre scandaleux des ventes à terme, ou plutôt du jeu sur les marchandises, source de ruines éclatantes, suggère à l'un des membres de la Chambre l'idée que nul marché ne doit être obligatoire, s'il ne renferme des indications de marchandises qui en établissent l'existence et la disponibilité. Le même membre voudrait également que tout courtier, convaincu d'avoir négocié un traité à livrer, fictif, fût frappé de destitution.

La Chambre, également affligée de ce désordre, ne croit cependant pas qu'aucun autre remède y puisse être appliqué que ceux que fournissent les art. 1610 et 1611 du Code civil.

5 *Mai* 1813

(Proc.-verb., tom. III, pag. 51.)

Le même abus se perpétue ; il a produit des hausses factices. La Chambre informe le Ministre de ce fait et sollicite la publication d'un réglement pour l'exécution de l'art. 73 du Code de commerce.

(Proc.-verb., pag. 52, 53.)

La réponse du Ministre n'y pourvoit qu'en invitant la Chambre à faire surveiller la Bourse par deux commissaires pris dans son sein.

Quelles seront la nature et l'étendue de cette surveillance ? C'est l'objet d'un rapport d'après lequel la Chambre exprime l'opinion qu'elle doit porter principalement sur la cote du cours des changes et des marchandises.

(Proc.-verb., tom. IV, pag. 95.)

A la suite de plusieurs rapports sur le même sujet, la Chambre établit d'abord une distinction entre les ventes de marchandises qu'on ne pourra livrer et celle de denrées dont on n'est pas nanti, mais que l'on doit se procurer par des achats en détail, comme, par exemple, des vins dont la récolte est attendue. Cette nature d'opérations lui semble naturelle et légitime. A l'égard des autres, faute de moyens de les réprimer, la Chambre ajourne indéfiniment cette question.

MANDATS DE CHANGE.

(Proc.-verb., tom. VI, pag. 4, v°.)

Un membre soumet à la Chambre (qui l'approuve sans la délibérer) une proposition qu'il se propose de faire à la Chambre des députés.

Cette proposition tendra à faire consacrer par une addition à la section 2 du titre 8 livre 1er du Code de commerce, une disposition ainsi énoncée :

§ 1er. Lorsque la lettre de change est qualifiée *mandat de change* dans le corps du titre, l'acceptation n'en peut être exigée ; *le mandat de change ne peut être protesté faute d'acceptation.*

Nota. La Chambre des députés n'a pas admis cette proposition.

MARQUES SUR LES MARCHANDISES EXPORTÉES.

(Proc.-verb., tom. I, pag. 42.)

Une marque est exigée pour l'exportation des armes de luxe. Un membre fait observer à cet égard que cette exigence dévoilera l'imitation qui se fait avec succès en France des fusils anglais, auxquels l'étranger met un prix considérable.

On dévoile en outre une supercherie des Anglais, qui, pour discréditer notre industrie, font passer en Amérique les produits inférieurs de leurs verreries avec des marques françaises.

(Proc.-verb., tom. III, pag. 261.)

Une loi du 21 avril 1818 assujétit à une marque les articles de bonneterie. Les bonnetiers de Paris demandent à en être dispensés pour la bonneterie de laine drapée ; et à l'égard des autres, à n'être astreints à marquer qu'une seule pièce des articles de détail vendus à la douzaine. La Chambre appuie ce vœu.

MONNAIES.

LEUR ASSUJÉTISSEMENT AU DROIT DU DIXIÈME DES TRANSPORTS.

(Proc.-verb., tom. I, pag. 127.)

Le numéraire est assujéti à cet impôt. Devait-il l'être ? L'argent sans doute est une marchandise : mais quand ? Alors qu'il est lui-même l'objet d'une transaction, et non lorsqu'il est employé comme signe d'échange pour le solde du prix de vente d'une denrée quelconque.

Circulant pour les soultes d'opérations commerciales, il diffère essentiellement de la marchandise qui ne voyage que du lieu de sa production ou de son emmagasinement au lieu de sa consommation, et ne subit qu'un ou deux transports.

Le numéraire, au contraire, dans sa durée plus que séculaire et sa mobilité continuelle, s'il paie un droit à chaque voyage, finira par avoir supporté des taxes équivalentes ou même supérieures à sa valeur intégrale.

Le Gouvernement, plus que personne, fait voyager du numéraire ; s'il s'impose ainsi lui-même, il n'aura réalisé que la perte des frais de perception.

Le numéraire circulant fût-il une marchandise, sa circulation est tellement nécessaire que, loin d'y mettre aucun obstacle, il y aurait lieu plutôt à la favoriser.

Les intérêts de police, de politique et de commerce, veulent que ses transports soient secrets. L'indiscrétion d'un commis qui, sans mauvaise intention, en parlera, peut occasionner un vol.

Les contributions indirectes sont des droits sur les consommations ; or, il n'y a point ici consommation, mais échange de valeurs. Le droit n'est donc pas dû, et l'appliquer est une extension à la loi.

Le droit de dixième sur les transports de marchandises est d'ailleurs lui-même un impôt mal assis.

Il est injuste dans sa répartition, énorme sur une marchandise de peu de prix et d'un poids considérable ; presque nul sur une marchandise légère et cependant d'une haute valeur.

Il opère précisément dans le même sens que si l'on dégradait un dixième des routes par des rochers ou des ravins.

MONNAIES INFÉRIEURES EN CUIVRE OU BILLON.

(Proc.-verb., tom. V, pag. 17.)

Consultée sur le choix du cuivre ou du billon pour la fabrication des monnaies inférieures, la Chambre ne parvient pas à résoudre cette question.

Elle préférerait le cuivre comme moins susceptible d'altération ; mais le sytème décimal présente une difficulté grave ; la pièce d'un centime se perd trop aisément ; celle de cinq centimes ne peut subsister seule sans produire le renchérissement d'une foule d'objets qui ont et doivent conserver une valeur moindre, surtout dans les campagnes.

Quant au billon, plus susceptible d'altération, il est plus aisément falsifié, et la ténuité de ses plus faibles pièces expose à des pertes fréquentes.

MUSIQUE.

(Proc.-verb., tom. I, pag. 114.)

La musique n'étant dans l'étranger frappée d'aucun droit, y circule en toute liberté sans exclusion de celle qui est frappée du timbre français; mais le coût de ce timbre atténue notre exportation.

La Chambre demande en conséquence que la sortie de la musique française soit constatée par les douanes, et que ces certificats de sortie servent, non à réclamer le remboursement des droits, mais qu'ils soient admissibles en paiement du droit de timbre d'une pareille quantité.

NAVIGATION MARITIME.

8 *Messidor.*

(Proc.-verb., tom. IV, pag. 29.)

A la rupture du traité d'Amiens, le premier consul, par l'application rétroactive d'un arrêté relatif à la navigation des neutres, fit saisir à Dieppe dix navires. La Chambre réclame et déclare que les dispositions de cette nature ne peuvent être appliquées qu'à l'expiration du temps moralement nécessaire pour qu'elles aient pu être connues des expéditeurs avant le départ des navires.

26 *Messidor.*

La Chambre déclare que les cargaisons de ces navires sont françaises, soldées en deniers ou en traites ; que les forcer à ressortir, c'est les livrer à la capture ; qu'une détention prolongée est ruineuse. Elle insiste pour l'autorisation d'introduction de contre-valeurs égales par la voie de terre.

(Proc.-verb., tom. V, pag. 406.)

La Chambre se plaint de l'insuffisance de nos stations armées sur les côtes de l'Amérique méridionale dans l'Atlantique et dans l'Océan pacifique ; elle fait ressortir l'inconvénient du commandement supérieur confié à un seul chef, dont les ordres, partant du Brésil par exemple, ne peuvent parvenir au Pérou que lorsqu'ils ont cessé d'être opportuns ou efficaces.

PAQUEBOTS POUR L'AMÉRIQUE.

(Proc.-verb., t. IV.)

La Chambre ayant sollicité des paquebots pour l'Amérique (en commençant par le Brésil) comme moyen de nous ouvrir avec ces contrées un commerce important et avantageux, M. le Ministre de la Marine a répondu que cette entreprise ne pouvait qu'être abandonnée à l'industrie particulière.

La Chambre réplique que le Gouvernement peut tout au moins et doit y intervenir, parce que les bénéfices de ce service ne sauraient en couvrir les frais avant l'époque où les relations avec ces nouveaux peuples auront acquis les développemens qu'il promet pour l'avenir; que cette intervention du Gouvernement ne doit pas se borner à la simple concession d'un privilége temporaire, mais comprendre ou des secours pécuniaires, ou le don de bâtimens propres à cette navigation, ou la prise d'un certain nombre d'actions, à l'intérêt et au dividende desquelles l'État renoncerait pendant un nombre d'années déterminé; qu'enfin, pour provoquer l'établissement de compagnies exécutantes, il est besoin que le Gouvernement fasse publier dans nos ports ses intentions à ce sujet.

PÊCHERIES.

(Proc.-verb., tom. VI, pag. 69.)

Les droits différenciels de douanes· doivent suffire à la protection de nos pêcheries de morues et de baleines ; les primes d'encouragement accordées à l'une et à l'autre sont une charge onéreuse au Trésor, qui ne saurait être perpétuée, mais qui ne doit être que graduellement supprimée. La Chambre propose de graduer cette réduction ainsi qu'il suit :

En 1837, pour la morue reportée de France aux Colonies, au lieu de 24 — 20 fr.
     pour celle directement conduite aux Colonies, au lieu de 30 — 25.
     pour celle introduite dans la péninsule espagnole, au lieu de 12 — 10.
Et à partir de 1838 jusqu'à 1843, réduction d'un cinquième par année.

Quant à la pêche de la baleine, la Chambre vote le maintien de la réduction graduelle prescrite par la loi de 1832.

NAVIGATION FLUVIALE NATURELLE

DE LA HAUTE-SEINE ET DE L'YONNE.

2 Décembre 1835.

(Proc.-verb., tom. VI, pag. 75.)

L'entretien du chenal de ces deux rivières, dès long-temps négligé, est devenu, depuis la chute du pont de Melun, l'objet de nouvelles et plus vives réclamations, que la Chambre appuie avec instance auprès de M. le directeur général des ponts-et-chaussées.

6 Avril 1836.

La réponse porte : 1° que l'on dépense pour l'amélioration de cette navigation au-delà du produit des droits qu'elle acquitte; 2° que la composition du conseil local laisse quelque chose à désirer, mais que cette matière exige un *long examen* dont il *s'occupera*; 3° qu'il a adressé aux préfets de la Seine et de Seine-et-Marne, l'état des travaux à exécuter dès janvier 1823 et novembre 1828, demandes de dragages en amont de Paris : nul succès.

DE LA MARNE.

(Proc.-verb., tom. VI, pag. 140.)

Consultée sur un projet de canalisation de la Marne (*vide infrà*), la Chambre, d'après le vœu unanime des commerçans de Paris en fer, charbons et bois de charpente, de sciage et à brûler, insiste fortement sur la conservation et la réparation de sa navigation fluviatile, qui n'exige que quelques réparations peu dispendieuses et qui peuvent s'exécuter dans le cours d'une seule année; telles sont : 1° quelques roches à faire sauter, enlever d'aciennes vannes qui obstruent la rivière en face du moulin de Chelles; et quelques travaux d'art aux passages difficiles entre Saint-Dizier et Châlons.

Le flottage, impossible dans les canaux, est, pour le commerce de toutes les espèces de bois, d'une économie énorme; il est d'ailleurs indispensable pour les charpentes qui, sans lui, ne pourraient plus servir aux constructions de la capitale, où la saturation d'eau dont elles se sont pénétrées les préserve seule d'être, en très peu de temps, réduites en poudre par les plâtres (voir plus loin, à l'article Navigation fluviatile par canalisation).

BASSE-SEINE.

14 *et* 21 *Octobre* 1835.

(Proc.-verb., tom. VI.)

A la suite d'un prélude qui laisse percer la pensée d'une canalisation de la Seine et l'ambition de faire arriver à Paris les bâtimens

de mer, M. le directeur général des ponts-et-chaussées, par l'intermédiaire du Préfet, consulte la Chambre sur les travaux que ce
fleuve nécessite. La Chambre, qui précédemment (voyez plus loin
Canalisation de rivières) n'a pas péremptoirement repoussé l'idée
du canal maritime entrepris aux frais et risques d'une compagnie,
combat aujourd'hui cette idée gigantesque si c'est aux frais du Gouvernement qu'elle doit être exécutée. A la suite d'une enquête approfondie, conformément au vœu de tous les entrepreneurs de transports par eau de la capitale et de Rouen, d'accord aussi avec la
Chambre de Commerce de cette ville, elle insiste sur la conservation, le maintien et l'amélioration de la navigation purement fluviatile de la Seine.

Les travaux qu'elle réclame comme indispensables, et qui peuvent
s'exécuter successivement, en commençant par les endroits où la
navigation rencontre les obstacles les plus graves, se résument
ainsi :

1° Réparer les chemins de hallage en évitant les changemens de
rives ; 2° creuser les bas-fonds, resserrer le lit dans les endroits où
il se divise par quelques petits bras inutiles ou s'étend par l'écarte-
ment des rives ; 3° s'interdire toute espèce de barrages ; 4° enfin,
éviter, au moyen de quelques coupures, les circonvolutions nombreuses de la rivière près de Paris.

OCTROI DE NAVIGATION SUR LES RIVIÈRES.

(Proc.—verb., t. V, p. 85, 86.)

Une commission d'enquête a été formée à la Préfecture au sujet de
la réforme des octrois de navigation.

La Chambre combat quelques articles des délibérations de cette
commission.

Il a été affirmé à la Chambre des députés et énoncé au projet du
budget que l'octroi de navigation pourrait être supprimé, parce qu'il
opère comme une prime contre les transports par eau, et que l'indemnité de cette suppression se trouverait dans la réduction des
frais d'entretien des routes.

La commission d'enquête devait-elle voter le maintien d'un impôt dont elle-même reconnaît les vices, et cela par la crainte qu'on ne lui en substituât un plus vicieux encore?

Une inspection de la solidité des bateaux, que cette même commission a proposé de créer, promet au Commerce des entraves si le zèle des employés est actif, des avanies si leur sévérité se laisse désarmer.

(P. 92, 93.)

Il ne s'agit plus pour nos rivières de simples dépenses auxquelles le produit du droit d'octroi de navigation puisse suffire, c'est une réparation complète qu'elles exigent, et que l'Etat a intérêt de faire s'il veut que la navigation le soulage des énormes dégradations que le roulage occasionne sur les routes.

L'octroi perçu sur les rivières est une cause efficiente de ces dégradations.

Si l'on se refuse à abolir cet impôt, malgré ses vices, il faut du moins en changer les bases et régler le tarif sur le tonnage réel de chaque bateau, tonnage constaté au lieu du départ et de déchargement par des échelles attachées au bateau et indicatives du tirant d'eau, en traits assez distincts pour que la perception du droit puisse avoir lieu dans chaque bureau, sans aucune détention ni de jour, ni de nuit, sauf, en cas de suspicion de fraude, l'obligation de recevoir à bord un préposé, qui vérifiera le délit là où il y aura stationnement et facilité de constater la fraude sans occasionner des retards.

La quotité du droit de tonnage devra être calculée de manière à ce qu'il rende un produit égal, en moyen terme, à celui des droits actuels dans les trois dernières années. Ceci ne s'applique qu'aux bateaux. Quant aux trains de bois de charpente, de sciage ou à brûler, la perception doit se baser sur un tonnage fictif, calculé sur les trois dimensions, lesquelles varient dans les diverses rivières. Le droit de tonnage devra être uniforme pour toutes les natures de chargemens.

19 Février 1834.

(Proc.-verb., tom V, pag. 420.)

Les entrepreneurs de la grande navigation de la Seine réclament

9

contre ce projet de proportionner les droits au tirant d'eau au lieu de la dimension. La Chambre y persiste et ne voit d'autre problème à résoudre qu'une exacte pondération entre les produits de l'ancien et du nouveau tarif. Un membre demande que le produit des droits continue à être spécialement affecté aux travaux d'amélioration de la navigation fluviatile.

POLICE DE LA NAVIGATION FLUVIALE.

(Proc.-verb., tom. IV, pag. 92.)

La douane de Rouen, peut-être à l'instigation de certains commissionnaires de cette ville, exige le débarquement sur le port des marchandises expédiées du Hâvre à Paris, leur visite sur le quai, et leur transport par terre au-delà du pont pour le rembarquement être opéré sur les bateaux de remonte supérieure.

Outre ces frais matériels, la marchandise se trouve dès lors assujétie à un droit de commission au profit de MM. les négocians de Rouen.

31 Octobre 1821.

La Chambre sollicite, pour les navires expédiés du Hâvre avec chargement pour Paris, l'autorisation de verser (sans rompre charge) sur les bateaux de remonte, par simple transbordement opéré en présence des employés vérificateurs.

(Pag. 99.)

Cette faculté de transbordement ne s'appliquerait qu'aux marchandises destinées pour la Haute-Seine, qui auraient acquitté les droits au Hâvre. En cas d'abus, elle serait révoquée.

28 Août 1822.

(Pag. 125.)

La Chambre demande que tout bâtiment de transport accéléré

s'aidant, soit de voiles, soit de machines à vapeur ou de tout autre moyen mécanique, ait le droit de trémâter, et pour remonter la Haute-Seine ne soit point assujéti au transbordement ; elle offre ces conditions : 1° que les écoutilles seront fermées d'un cachet et d'une serrure à clefs doubles, qui seront déposées, l'une à la douane du Hâvre, l'autre à celle de Paris ; 2° qu'un préposé de la douane du Hâvre montera sur le navire au départ jusqu'à Rouen, qu'il pourra être changé en route ; qu'à Rouen, un préposé de la douane y pourra monter sans arrêter le navire pour vérifier l'état des écoutilles et visiter les parties ouvertes.

5 Août 1829.

Tout obstacle opposé par un lourd bateau au trémâtage d'un bateau plus rapide est une avanie ; mais ce trémâtage exige des réglemens qui l'empêchent lui-même de nuire aux gros bateaux qui tiennent le fil de l'eau, surtout au passage des ponts et pertuis (*voir* au mot *Trémâtage*, pag. 170).

30 Septembre 1829.

(Proc.-verb., tom. V.)

Une commission d'enquête, ouverte à la Préfecture, a désigné les ponts de la Seine où des chefs de passage responsables étaient inutiles ; ceux où un simple garde pouvait suffire, ceux enfin où les chefs de passage devaient être conservés.

La Chambre reconnaît qu'il est sur la Seine nombre de ponts dont le passage, surtout à certaines époques de l'année, ne pourrait être franchi sans danger par les conducteurs de bateaux, et exige le concours de passeurs particuliers, espèces de pilotes connaissant les difficultés, soit habituelles, soit dépendantes de la hauteur des eaux, et munis de tous les apparaux nécessaires pour prévenir tous dangers ; mais loin d'en conclure qu'il soit convenable de créer à cet effet des chefs de ponts privilégiés, dont le salaire soit réglé par un tarif, la Chambre estime au contraire que le Commerce doit rester libre d'effectuer le passage de ses bateaux, soit par ses propres ouvriers, soit à l'aide de tels auxiliaires qu'il lui plaira de choisir lorsqu'il en éprouvera le besoin ; elle pense que la libre concurrence entre ces pilotes locaux, simples patentés et nulle part exclusifs, réduira les frais à une juste indemnité des services rendus et des difficultés vaincues; qu'elle perfectionnera cette industrie, susceptible de grandes améliorations, soit à l'aide de machines, telles que des remorqueurs, soit par des lignes flottantes de barrages ligneux, rattachés de l'arche du pont aux rives du fleuve ; enfin, si l'on persiste à breveter des chefs de ponts, la Chambre demande formellement qu'ils ne soient point privilégiés.

En ce qui concerne la compagnie créée pour le passage des ponts de Paris, la Chambre combat, comme illégale, la subvention qui lui est imposée par le bail, et qui n'est autre chose qu'un impôt déguisé, (voyez *Ponts, Ports et Berges de Paris*, p. 144).

Pour faire condamner ou restaurer les bateaux vieillis ou dégradés, la commission d'enquête a proposé la création de commissaires visiteurs; la Chambre improuve cette institution de commis, juges administratifs. Elle pense que l'inspecteur général de la navigation suffit à cette surveillance ; qu'en cas de contestation ou de refus de la part des propriétaires, cet inspecteur général peut nommer un arbitre, sommer le propriétaire d'en nommer un de son côté, et en cas de *discords* entre eux, faire nommer par le président du Tribunal de Commerce du ressort, un tiers-arbitre pour le jugement être exécutoire en dernier ressort.

Ce mode de procéder usité dans le commerce évite les frais, abrège les délais et éloigne toute idée d'arbitraire.

D'accord avec la commission d'enquête, la Chambre estime qu'il est nécessaire de faire rapporter un arrêté de M. le Préfet de la Seine-Inférieure, en date du 4 juillet 1828, qui contenait un réglement sur le tirant d'eau pour les bateaux de l'Aisne et de l'Oise.

NOTA. Voir pour de plus amples détails le procès-verbal de la Chambre, séance dn 30 septembre 1829.

21 *Janvier* 1835.

Sur les 110 pilotes destinés à la navigation de la Basse-Seine,

4o seront choisis parmi les plus expérimentés pour la direction des bateaux à vapeur; leur service alternatif sera de six mois. Les chalands
remorqués par un bateau à vapeur, auront un pilote payé à moitié
prix du tarif, et au quart seulement si le chaland n'est pas chargé.

(Voyez, *Ports et Berges de Paris*.)

NAVIGATION INTÉRIEURE PAR CANAUX,

OU CANALISATION DES RIVIÈRES.

DE LA SEINE.

(Proc.-verb., tom. V, pag. 119.)

Une compagnie sollicite près du Gouvernement l'entreprise de la
canalisation de la Seine, sous le titre de *canal maritime*.

Consultée sur ce projet, la Chambre, par exception, ne borne pas
son examen à la question d'utilité publique, qui est évidente et serait immense ; elle est dès l'abord frappée d'une double crainte :
1° que les travaux entrepris sur divers points d'intersection de la
Seine, n'interrompent la navigation fluviatile ; 2° que les frais de
cette gigantesque entreprise n'excèdent tous les calculs des entrepreneurs, et que, hors d'état de la mettre à fin, ils n'en laissent plus
tard retomber le poids à la charge de l'État, qui serait forcé de ter-
miner les travaux entrepris, à quelque dépense imprévue qu'ils dus-
sent l'entraîner.

Une Commission spéciale est formée.

Son rapport, qui est transcrit vol. VI de la Correspondance, p. 190,
peut se résumer ainsi :

« Les auteurs du projet le réduisent à la canalisation de Rouen à
» Paris, pour amener dans la première de ces villes à la plaine de
» Gennevilliers, les navires qui, dans l'état actuel, s'arrêtent à Rouen.
» Le tracé du canal, passant alternativement de la rive gauche à la
» rive droite de la Seine, réduirait à 44 lieues un parcours qui est
» aujourd'hui de 59 lieues : les frais sont évalués à 65 millions ; le

» produit espéré à 6,700,000 f., mais rien à cet égard n'est établi
» d'une manière positive. Evidemment les principaux bénéfices sont
» basés sur des achats de terrains dans le voisinage des futurs ports.

» L'administration s'est réservé le droit d'examen sur tous les tra-
» vaux de barrage ou d'écluse que la compagnie voudra exécuter
» dans le bassin actuel de la Seine : cela ne suffit pas ; il faut que la
» navigation actuelle reste assurée et exempte de toutes entraves nou-
» velles, soit par les travaux de construction du canal, soit par ceux
» de son entretien. Le choix de la plaine de Gennevilliers cache
» le but d'y placer l'entrepôt, dès long-temps sollicité par la ca-
» pitale, et qu'elle doit obtenir. » Sur ce rapport, la Chambre conclut ainsi qu'il suit :

1° Le projet d'un canal maritime entre Paris et Rouen, dès long-
temps conçu, s'il est jamais exécuté, sera de la plus haute importance ; 2° la compagnie ayant eu tout le temps d'étudier ses projets et répondant de toutes les éventualités, il n'y a lieu ni à contrôler
les calculs, ni à les vérifier ; 3° les tarifs par elle proposés sont raisonnables et peuvent être adoptés ; 4° le maintien de la navigation
fluviale (qui déjà exige des travaux de réparation urgens) est une
condition *sine quâ non* ; 5° la tête du canal doit être rapprochée de
Paris.

DE L'OISE.

19 octobre 1836.

Après de vives contestations sans résultat sur la canalisation de
l'Oise, entre la Chambre et l'ingénieur chargé de ce travail, contestations dans lesquelles la Chambre transmettait les plaintes formées
par les mariniers de cette rivière, qui attestaient que, nonobstant une
dépense très supérieure au crédit alloué, les barrages établis sur cette
rivière ne lui avaient pas procuré le tirant d'eau promis et reconnu
nécessaire, surgit une dépêche de M. le directeur général des ponts-
et-chaussées, qui annonce que le complément de cette navigation
jusqu'à la Seine nécessite des travaux nouveaux, pour obtenir, depuis
le dernier barrage exécuté sur l'Oise, le tirant d'eau nécessaire pour
faire remonter les bateaux jusqu'à Paris.

M. le directeur général consulte la Chambre sur le choix à faire entre deux projets présentés, l'un par M. Brière de Mondétour, ingénieur, qui a dirigé les travaux de l'Oise supérieure, l'autre par M. de Bérigny, ingénieur en chef.

Le premier, celui de M. de Mondétour, consiste à construire, non dans l'Oise, mais dans la Seine elle-même, au-dessous de l'embouchure de la rivière, pour y faire refluer les eaux du fleuve, un barrage fixe dans le même système que ceux qu'il a précédemment construits.

La Chambre ne pouvant contester la nécessité de compléter l'entreprise de la navigabilité de l'Oise, n'objecte rien à la construction d'un dernier barrage, mais dans l'Oise elle-même, à son embouchure, et non dans la Seine. Elle proteste, au contraire, contre toute opération du même genre dans le cours du fleuve.

A l'égard du barrage mobile, proposé par M. de Bérigny, et qu'il propose d'établir aussi sur la Seine, non pas à l'embouchure de l'Oise, mais à Andrezy, la Chambre, reconnaissant son inhabileté à prononcer sur des travaux d'art dont elle n'a pas même le plan sous les yeux, ne peut que témoigner ses doutes ou plutôt ses inquiétudes sur leur succès.

En conséquence, elle n'adhère point au plan proposé par M. de Bérigny.

Mais si M. le directeur général, sous sa propre responsabilité, veut entreprendre sur la Seine l'essai d'un barrage mobile, elle vote au moins pour que cet essai ait lieu à Poissy et non pas à Andrezy.

DE LA MARNE.

Voyez page 19, où cette question a été classée, parce qu'elle se trouve englobée dans le vaste projet lancé par M. Brière de Mondétour, pour la jonction de la Seine au Rhin.

NOTABLES COMMERÇANS.

12 *Février* 1823.

(Proc.-verb., tom. IV, pag. 138.)

Délibération qui exprime le sentiment pénible éprouvé par la Chambre, au sujet de l'injuste élimination de la liste des notables, dont la Préfecture a frappé un grand nombre de commerçans les plus dignes d'y figurer.

(Tom. V, pag. 454.)

La Chambre exprime à M. de Rambuteau, Préfet de la Seine, le vœu que les notables commerçans qui, sans valables motifs, auront, pendant deux années successives, négligé le devoir électoral, cessent d'être portés sur la liste de l'année suivante; elle prie M. le Préfet de faire, s'il le partage, imprimer cet avis dans les lettres de convocation. M. le Préfet y adhère.

OCTROI DES GRANDES VILLES.

(Proc.-verb., tom. I, pag. 125, 135.)

En traitant la question de l'impôt indirect, la Chambre a reconnu:

Que cet impôt pèse plus ou moins sur le consommateur, dans la proportion du plus ou moins de nécessité de la denrée qui lui est soumise.

Qu'ainsi pour la farine ou le pain, le consommateur sacrifiera à ce premier des besoins toutes les autres jouissances.

Mais que pour les boissons, objet de seconde nécessité seulement, si l'impôt en élève le prix, l'acheteur pouvant modérer sa consommation, forcera le producteur à partager au moins le fardeau de cette taxe.

Appliquant aux octrois cette théorie, on observe que les villes réglant le prix des marchés, la mésoffre qui résulte de l'octroi perçu dans Paris, par exemple, réagit sur le prix de la denrée consommée à l'extérieur.

Dès qu'il y a mésoffre et moindre consommation dans une grande ville, le consommateur du dehors, affranchi de cette concurrence, gagne sur le producteur le montant du droit prélevé ailleurs sur la valeur intrinsèque de la denrée.

Les octrois de villes sont, d'après ce principe, un impôt foncier mal déguisé, ils discréditent la branche de culture qu'ils atteignent et doivent la faire tomber dans toutes les terres d'un médiocre rapport.

OCTROI DE PARIS. — SON TARIF.

12 *Octobre* 1831.

(Proc.-verb., tom. **V**, p. 210, 211.)

Un déficit de quatre millions sur les recettes municipales force le Préfet à rechercher quelques *nouveaux produits* de la nature de ceux de l'octroi : il indique particulièrement les sucres et les cafés.

Dans une discussion préliminaire, diverses opinions sont émises. Tel préférerait une surtaxe de l'impôt mobilier, ou une taxe sur les cheminées de luxe.

On lui réplique que pour tout autre impôt que l'octroi, une loi sera nécessaire et que la Ville n'a pas la possibilité d'en essuyer les lenteurs.

Réduisez (replique-t-on), réduisez les dépenses, celle du balayage par exemple ainsi que de l'éclairage, l'un et l'autre pouvant être laissés à la charge des propriétaires.

On propose la perception d'un loyer sur les espaces que la police (gratuitement ou non) laisse occuper sur les trottoirs des boulevarts par des échoppes.

Revenant à l'idée de l'octroi, on propose d'y assujétir les fers. Cette pensée est repoussée, attendu que les fers sont une matière première pour la plupart des industries. Les zincs, les plombs, à moins de 25 à 30 p. 100 *ad valorem*, produiraient trop peu.

Une taxe sur les denrées coloniales repousserait de Paris l'un de ses commerces les plus importans; d'ailleurs sur le café la fraude serait immense. Quant au sucre, si les bruts, les mélasses sont taxés, les raffineries de l'intérieur sont détruites. En général, les denrées coloniales ne peuvent être assujéties à l'octroi que dans les villes qui n'en reçoivent que pour leur consommation. Partout où leur commerce fait escale, il doit être affranchi.

(Proc.-verb., tom VI, pag. 49.)

Les marchands de grains sujets à l'octroi (les orges et les avoines) demandent que ce droit soit basé sur le poids non sur la mesure.

La Chambre appuie cette demande en faisant observer : 1° que le droit nouveau devra être calculé de manière à rendre les mêmes produits ; 2° que ce changement ne devra être exécuté qu'à l'expiration des délais nécessaires pour les facilités du service de la perception, et pour en informer à l'avance le commerce du dehors et les agriculteurs eux-mêmes qui fournissent cette branche de l'approvisionnement de Paris (*voyez* plus loin, art. *Raisin*).

OCTROI.

HALLE DE DÉCHARGEMENT POUR LA VISITE DES COLIS.

Nul hangar n'existant aux barrières pour la visite des colis par les employés de l'octroi, et cette visite *sub œvo* entraînant des dégradations considérables par la rupture des colis, la ville de Paris, dans cet intérêt et dans celui du roulage, avait cru pouvoir établir une halle centrale où les voitures seraient conduites sous l'escorte d'un employé et moyennant une indemnité payée par le voiturier; la visite opérée, le droit d'octroi perçu sur les marchandises y sujettes et destinées pour la capitale, les autres, en cas de destination pour le dehors, ressorties sous l'escorte d'un autre employé également indemnisé. Le produit de cette halle, faussement calculé, n'a nullement couvert les frais de la somptueuse construction ni ceux du bureau qui a dû y être formé, et la Ville a senti la nécessité de s'en exonérer.

Le Conseil Municipal, conformément à l'avis de la Chambre, a voté le remplacement de cette halle par de simples hangars aux cinq barrières de la Chapelle, de la Villette et Pantin *réunis*, Charenton, Italie, Enfer et Passy, et d'un sixième plus tard au Roule.

21 *Septembre* 1836.

(T. VI, pag. 25.)

L'intrigue et des intérêts particuliers ont obtenu d'un certain nombre de commissionnaires de roulage un vote en faveur du maintien de la halle centrale. La Chambre, éclairée sur cette intrigue, insiste sur l'exécution du vote du Conseil et fait observer que, lors même que la création de ces hangars nuirait aux intérêts des commissionnaires de roulage (ce qui n'est pas), un intérêt prédominant décide la question ; et cet intérêt est celui de la population entière de la capitale.

OCTROI.

ENTREPOT INTÉRIEUR POUR CERTAINES MARCHANDISES Y SUJETTES.

21 *Septembre* 1836.

Le gérant de l'entrepôt de la place des Marais offre de créer pour l'octroi un entrepôt intérieur dans un terrain voisin de l'entrepôt du canal, sans préjudice de la construction des hangars de visite aux barrières principales : la Chambre appuie auprès du Préfet cette proposition favorable à l'approvisionnement de plusieurs marchandises, telles que les houilles et les bois.

OR, ARGENT, MÉTAUX PRÉCIEUX.

LEUR TRANSPORT.

(Proc.-verb., tom. VI, pag. 43.)

La Chambre sollicite l'établissement en France du régime suivi par l'amirauté anglaise pour le transport des métaux précieux par les bâtimens de l'État, c'est-à-dire : 1° que, hors les cas où le secret est nécessaire, leur départ soit annoncé à l'avance, afin que le commerce puisse en profiter ; 2° que le transport des métaux précieux que le commerce leur confie cesse d'être gratuit. En Angleterre, ce transport est chargé d'un frêt proportionné à la valeur. En conséquence, le chargeur reçoit un connaissement signé du capitaine et du subrécargue ; connaissement qui, imposant une responsabilité, prévient des négligences telles, que la plupart de nos négocians préfèrent confier à des bâtimens anglais leurs retours en métaux précieux, malgré le second frêt qu'entraîne leur réexpédition d'Angleterre en France.

PATENTES.

(Proc.-verb., Ier vol., pag. 142 à 145.)

Des plaintes aussi justes que fréquentes, qui s'élèvent contre les patentes assujéties à un droit fixe, et sur l'inefficacité du remède cherché dans un droit proportionnel basé sur les loyers, base également fausse, en raison de la disparité de valeur des diamans, par exemple, et des marchandises encombrantes, un membre conclut à la nécessité du rétablissement des corporations, seules capables de répartitions équitables.

Tout en reconnaissant les inextricables difficultés d'exécution de la loi, la Chambre persiste à la juger, sans comparaison, préférable au rétablissement des corporations, jalouses, querelleuses et processives, qui commettront des erreurs aussi bien que le fisc, avec cette différence, que les erreurs de celui-ci ne sont pas soupçonnées d'être volontaires. La facilité de percevoir lui commande de travailler au perfectionnement de son mode de perception.

Les frais des petites mais nombreuses administrations par jurandes, excèdent, en outre, de beaucoup ceux d'une manutention générale.

Tout impôt sur l'industrie est, dit un membre, de sa nature arbitraire et inégal; on ne peut que chercher à perfectionner l'évaluation des industries diverses.

Un autre membre observe que l'impôt proportionnel au loyer atteint non le bénéfice, mais l'instrument de l'exploitation.

C'est, dit un troisième, le commerce et non le commerçant que vous voulez atteindre. Hé bien! adressez-vous au consommateur, au moyen de l'octroi avec drawback.

PAVILLONS ÉTRANGERS.

7 Avril 1820.

(Proc.-verb., pag. 31,)

A propos d'une négociation avec les États-Unis, la Chambre émet l'avis que nul traité ne doit stipuler l'égalité réciproque de perception des droits d'entrée sur les marchandises introduites par nos navires ou ceux de la puissance contractante;

Que l'égalité n'est qu'apparente, si la navigation est d'un coût inégal pour les deux nations.

Tel est le cas entre la France et les États-Unis : par plusieurs causes indiquées, cette inégalité est telle, qu'avant peu d'années notre marine marchande serait détruite, et le négociant français lui-même ne se servirait plus que de navires américains, si la surtaxe fondée sur le pavillon était anéantie; il faut combiner la taxe différentielle de manière à maintenir entre les deux pavillons une balance au moins égale.

Et attendu que les circonstances varient fréquemment, il ne convient point de se lier par des traités ou conventions obligatoires; mais il faut faire droit, accorder ce qui est juste et raisonnable par de simples lois ou ordonnances, susceptibles de révocation ou de changemens si les circonstances cessent d'être les mêmes, sans que l'on soit réduit à rompre pour se dégager de conventions onéreuses.

POIDS PUBLICS.

(Proc.-verb., tom. 1er, pag. 125.)

La loi du 29 floréal an X, qui a créé le poids public, énonce d'une manière formelle que l'emploi des mesureurs et peseurs publics ne sera forcé qu'en cas de contestations.

L'arrêté des deux Préfets réunis pour l'exécution de cette loi, la viole dans cette disposition essentielle, puisque sur les ports, dans les halles et marchés, il oblige le commerce à se servir de ces agens publics, et à payer les droits qui leur sont attribués.

M. le Préfet répond que les halles, ports et marchés sont une propriété communale, à l'emploi de laquelle la commune est maîtresse d'imposer telle loi qui lui convient; qu'elle a donc pu y interdire le pesage et mesurage par tout autre agent que ses employés, que la loi n'est pas violée, puisque l'achat et la vente y restent libres, ainsi que l'enlèvement sans pesage ni mesurage.

Malgré ces observations, la Chambre réclame pour le Commerce la liberté de peser et mesurer par ses propres agens la marchandise qu'il achète.

POLICES D'ASSURANCES.

(Proc.-verb., tom. III, pag. 219.)

Le fisc prétendant assujétir les polices d'assurances à l'enregistrement, la Chambre combat ce projet par les motifs ci-après :

1° La loi du 22 frimaire an VII ne les y a point assujéties ;

2° Les notaires, admis communément avec les courtiers à rédiger ces polices, n'ont reçu par là qu'une attribution distincte de leurs fonctions ordinaires ; ils ne sont là que certificateurs et non garde-notes. Leur intervention ne change point la nature de l'acte et ne le rend point passible d'un droit qui, dans l'espèce, n'est pas applicable.

3° Le Trésor ne gagnerait rien à cette disposition fiscale, nuisible au commerce des assurances, et les parties s'en affranchiraient en dressant leurs polices elles-mêmes.

PONTS, PORTS ET BERGES DE PARIS.

(Intra et extra.)

(Proc-verb., tom. II, pag. 108.)

On propose comme moyen de diminuer les dangers et les frais de passage des ponts, l'établissement de câbles suivant le fil de l'eau et régnant d'un pont à l'autre.

NOTA. Sur ces câbles courraient, à la descente, deux crochets d'avant et d'arrière qui maintiendraient le bateau dans la direction du fil de l'eau.

A la remonte ces câbles doubles livreraient un palan à l'avant des bateaux, et tournant sur eux-mêmes au moyen de manivelles atta-chées aux quais, ils opéreraient la remonte par la seule force méca-nique, et le hallage par les chevaux ne reprendrait qu'au-dessous de Paris (*note du rédacteur*). Un remorqueur à vapeur peut aussi réussir.

(Proc.-verb., tom. V, pag. 17.)

Le passage des ponts, qu'il soit affermé ou mis en régie, ne peut ni ne doit être un objet de revenu pour la Ville ni pour l'État. Moyens de communication entre les rives, les ponts, loin d'être utiles aux transports par eau, les exposent à des retards, à des dangers plus ou moins graves; il est donc injuste de faire supporter une dépense au propriétaire d'un bateau lorsqu'il pourrait au contraire réclamer, du constructeur du pont, une indemnité de ses risques; à plus forte raison s'il supporte les frais de ce passage, ne doit-il pas être passible d'une surcharge ou d'un prélèvement sur ces frais au profit de qui que ce soit?

Est-il démontré que ce service ne puisse être fait que par une compagnie privilégiée (ici l'on pourrait ajouter : comment faisait-on avant sa création?) (*note du rédacteur*)? En second lieu, s'il n'y a qu'une compagnie, son privilége doit-il être tel que le Commerce soit tenu d'attendre la commodité de ses agens, lors même qu'il se confierait à ses propres ouvriers? Et s'il s'est passé des hommes du fermier et de ses apparaux, devra-t-il payer les mêmes droits que s'il les eût employés? Enfin la faible somme, si mal à propos perçue par la Ville de Paris, fortifie l'ajudicataire dans les luttes fréquentes où le Commerce se trouve engagé avec lui.

3 1 Juillet 1833.

La Chambre, informée que le fermier du passage des ponts a demandé la résiliation de son bail, a fait vérifier et a constaté ses pertes. Elle appuie, en conséquence, cette réclamation comme étant de toute justice, attendu que deux nouveaux ponts, construits depuis l'époque de ce bail et les ports établis sur le canal Saint-Martin, pour des marchandises qui précédemment descendaient en aval, ont changé complètement la situation de l'entrepreneur. La Chambre demande en outre que ce service ne soit plus affermé, mais abandonné à l'industrie libre.

PRÊTS SUR DÉPOT OU CONSIGNATION.

(Proc.—verb., tom. Ier, pag. 52 ; tom. II, pag. 65.)

L'art. 95 du Code (61 du projet) n'accorde le privilége pour le prêt sur gage, dépôt ou consignation, qu'autant que le dépositaire s'est conformé aux dispositions du Code civil ;

C'est-à-dire que dans le cas où il y a acte de dépôt, public ou privé, mais enregistré.

Or, le droit d'enregistrement d'un tel acte étant proportionnel, c'est comme s'il y avait refus de privilége sur dépôt en matière commerciale.

Avec la cour de cassation la Chambre pense que les prêts sur dépôt de marchandises, loin de favoriser l'usure, opéreront une réduction sur le taux de l'intérêt, si, emportant privilége, ils diminuent les risques; que l'opération est simple, naturelle, décente pour les capitalistes les plus honnêtes; et que, toujours utile, elle est souvent indispensable au commerce dans les temps de crise;

Que, par conséquent, en matière commerciale, les prêts sur dépôt ou consignation doivent être facilités par la réduction du droit d'enregistrement à la somme fixe de trois francs;

Qu'il y aura tout bénéfice pour le Trésor royal, qui ne perçoit et ne percevra jamais rien si le droit demeure proportionnel.

31 *Octobre* 1827.

(Tom. IV, pag. 244.)

Demande au Ministre des finances tendant à la réduction de cette taxe à un franc de droit fixe. Probabilité que cette réduction accroîtra les produits.

9 *Juillet* 1828.

Le Ministre s'y étant refusé, la Chambre insiste : la réduction, dit-elle, n'est pas demandée pour les dépôts de produits agricoles, mais seulement pour ceux de l'industrie. Le but de la législation est atteint dès qu'il y a enregistrement, quelle que soit la quotité du droit. Le Trésor gagnera à cette réduction, loin d'y perdre. Cette modération a été accordée à la caisse des dépôts et consignations; elle l'a été au commerce entier à l'époque des brusques réductions du tarif des douanes, en 1814.

25 *Août* 1830.

(Pag. 141.)

Sur le projet de loi tendant à substituer au droit proportionnel un droit fixe de 2 fr., la Chambre ne réclame que l'énonciation des biens meubles auxquels il sera applicable, énonciation qui rappellera l'art. 529 du Code civil.

GARES, PORTS ET BERGES.

(Proc.-verb., tom. IV, pag. 85.)

Les berges de Bercy étaient autrefois destinées au garage d'une grande partie des marchandises, et particulièrement des vins destinés pour Paris. Depuis que de nombreux entrepôts extérieurs ont été construits sur cette rive de la Seine, le commerce de Bercy, comme propriétaire du rivage, a contesté l'usage des berges aux bateaux destinés pour Paris.

La Chambre réclame un partage qui, au moyen de poteaux indicateurs, assigneront à Bercy l'espace réellement nécessaire à ses établissemens, et trois subdivisions pour le Commerce de Paris : 1° en bois à brûler ; 2° en bois à œuvrer ; 3° en vins. Cette réclamation est adressée au Préfet de Police.

(Proc.-verb, tom. IV, pag. 350.)

Réclamation du Commerce des bois contre la démarche précédente. La Chambre y persiste : reconnaissant l'insuffisance des berges en général, insistant sur ce qu'il y soit pourvu, en indiquant plusieurs moyens, elle maintient que dans l'état actuel de souffrance nul commerce ne doit être privilégié, obtenir tout, tandis qu'aux autres rien ne serait accordé ; que l'espace disponible doit être proportionnellement distribué dans la mesure des besoins de chaque commerce.

(Proc.-verb., tom. V, p., 12.)

Les bateaux de charbon qui entrent dans le canal Saint-Martin sont assujétis au tour de déchargement sur les ports et berges de la Seine.

La Chambre remarque que la mesure de police, qui a consacré un tour de déchargement, n'a eu pour motif que l'insuffisance des berges pour la quantité des arrivages; qu'il en est résulté une sorte de monopole au profit des seuls marchands assez riches pour attendre pendant des délais excessifs la rentrée de leurs fonds ; une perte de marchandises par les vols et l'affaissement prolongé d'une marchandise qui se réduit en poussière ; que c'est pour y remédier qu'à grands frais on a construit des canaux et des gares, dont l'étendue et la multiplicité doivent au contraire motiver la suppression de ces tours de déchargement.

(Pag. 57.)

L'insuffisance des berges tient, en grande partie, aux bas-fonds de la Seine en amont. La Chambre en a sollicité le curage par les bateaux dragueurs; elle a même obtenu du Conseil Municipal un crédit de 40,000 fr. pour cet objet; mais les Ponts-et-Chaussées devaient fournir le reste, et rien n'a été fait.

Mai 1832.

(Pag. 249, 252.)

Attendu cette insuffisance des berges, la Compagnie de la gare de Charenton offre la location de cet établissement pour le convertir en port de déchargement; elle demande un loyer de 70,000 fr.

La Chambre combat l'idée d'une location, parce qu'à l'issue du bail, des dépenses se trouveraient avoir été faites et des établissemens formés, qui contraindraient à subir le joug des propriétaires pour un renouvellement.

Le rapport concluait à traiter avec la compagnie, mais en réglant d'avance avec elle un tarif de stationnement tellement modéré que le commerce trouvât de l'avantage à s'y soumettre, au lieu de courir les risques d'un garage en rivière qui gène la navigation.

Mais bien que transmettant ce rapport en raison des utiles renseignemens qu'il renferme, la Chambre répète au Préfet qu'il y a matière à sérieux examen, et que la compagnie, dont la spéculation a été si malheureuse, devra se montrer moins exigeante.

Une pensée que la Chambre ne communique pas, mais que chacun de ses membres partage, c'est que la compagnie de la gare Charenton sera tôt ou tard forcée de la vendre à vil prix.

18 *Décembre* 1833.

(Même vol., pag. 396.)

Une nouvelle soumission est souscrite pour l'établissement de docks dans la plaine d'Ivry. La Chambre désapprouve le changement de direction de la prise d'eau, et témoigne de l'inquiétude pour la salubrité de ce réservoir, stagnant dans les basses eaux. De crainte que son adhésion ne serve à entraîner des capitalistes inexpérimentés à y verser leurs capitaux, elle se croit obligée de déclarer, contre son usage (et en dehors peut-être de ses attributions), que cette entreprise, fructueuse pour les propriétaires des terrains qui devront être acquis, sera très onéreuse aux actionnaires, simples bailleurs de fonds ; elle recommande d'ailleurs une nouvelle étude des travaux d'art, dont elle n'est pas apte à juger, mais qui, eux-mêmes, lui laissent de l'inquiétude.

PROHIBITIONS.

(Proc.-verb., tom. II , pag. 104-105.)

Interrogée, la Chambre résout, ainsi qu'il suit, les trois questions suivantes :

1° Quels ont été les effets de la prohibition des fils et tissus de coton étrangers ?

Réponse. Effet peu sensible encore. Les fabriques, l'envisageant comme un encouragement, ont montré quelque activité, mais la vente ne s'en est pas ressentie ; au contraire.

2° Le prix des fils et tissus a-t-il haussé ?

Réponse. Il n'y a point encore d'augmentation sensible.

3° Le prix des cotons en laine a-t-il haussé ?

Réponse. Il est en baisse sensible, puisque sa hausse n'équivaut pas à l'augmentation du droit d'entrée.

PRUD'HOMMES (CONSEILS DE).

(Proc.-verb., tom. III, pag. 119.)

L'établissement à Paris des conseils de Prud'hommes est jugé par la Chambre inexécutable, en raison de la variété des industries et des localités.

Plus tard, et d'accord avec le Tribunal de Commerce, la Chambre reconnaît la nécessité d'en créer un à Paris.

RAISINS

PAR RAPPORT A L'OCTROI.

(Correspond., tom. I, pag. 145.)

Un droit sur les raisins se perçoit aux entrées de Paris, dans la proportion de ceux qui frappent sur le vin et la vendange.

Des pressoirs ont été établis dans Paris : cela devait être, et si la vendange n'eût pas été tarifée, pour peu que ses frais de transport eussent été couverts de 10 p. o/o par l'exemption de droits, toutes les récoltes des vignobles qui environnent Paris seraient venues s'y façonner : tel est l'effet des taxes trop élevées : on les élude.

Mais la vendange est taxée : cela devait suffire.

La différence est grande entre le raisin destiné à la table et celui dont on fera de la vendange : pour ne pas distinguer l'un de l'autre, il faut être aveugle ou de mauvaise foi.

Mais ce sera livrer la perception à l'arbitraire des commis !

L'inconvénient est grave sans doute; moindre cependant que celui d'une perception à ce point minutieuse, qui coûtera fort cher en travail de commis, et, ne pouvant avoir lieu qu'aux heures d'ouverture des bureaux, excluera de la halle l'approvisionnement des raisins qui y arrivent avec les autres fruits avant jour.

Craint-on que quelques raisins introduits comme fruits ne soient convertis en boisson ? Portez sur des fraudes d'une toute autre importance les soins et l'attention de vos employés, vous y perdrez bien moins.

Le droit sans doute est assez élevé pour indemniser le vigneron des frais de transport du raisin en détail ; mais il n'est pas assez exagéré pour payer la perte du temps qu'exige l'arrangement nécessaire aux raisins destinés à la table.

Si le raisin demi-foulé, ou chargé sans soin, paie comme vendange, on ne fraudera pas en tout une valeur de cent pistoles.

Un si faible intérêt doit-il occuper une administration municipale ? doit-elle céder aux raisonnemens des financiers ?

Ils font un premier pas : voici quelle fut en cette matière la science admirable de la ferme générale.

Arrêts et lettres-patentes de 1722, 28, 29, 43, 48, 52.

« Il est défendu d'amasser ou d'entreposer des raisins au-dehors
» ni au-dedans et proche des barrières, dans des maisons emprun-
» tées, à peine de confiscation et de 100 fr. d'amende.

» Il est défendu de faire des partages de paniers pour les passer
» séparément.

» Il est défendu *aux mêmes personnes* de faire entrer plusieurs paniers en même jour. »

Cent francs d'amende et la prison punissent l'un et les autres de ces trois délits ; les punissent, mais ne les préviennent pas. « Les
» habitans des campagnes ne peuvent plus apporter leurs raisins que
» munis de certificats des officiers de justice, curés ou *marguilliers*,
» à peine de confiscation et de 30 livres d'amende.

» Ils doivent, sous pareilles peines, les exposer en vente sur le
» carreau de la halle, sans pouvoir les entreposer ailleurs, *à moins*
» *qu'ils ne soient destinés à faire des présens.*

» Il est défendu, *à peine de punition exemplaire,* d'aller au-devant
» des habitans de la campagne pour passer les raisins qu'ils vou-
» draient faire entrer, etc., etc. »

Telles sont les conséquences d'une taxe assise sur une consommation de détail. La loi veut être exécutée, les vexations se multiplient avec la fraude ; et de tout cela que résulte-t-il ? une population démoralisée, des rigueurs arbitraires, des procès sans nombre, des rixes fréquentes, et.... des produits, nuls !

Réglement de la Chambre.

(Proc.-verb., Ier vol., pag. 7.)

Un vice-président, rééligible, durée semestrielle.

Un secrétaire, rééligible, fonctions annuelles.

Commissions, nommées par le président et le secrétaire, ou au scrutin si trois membres le demandent.

Un chef du secrétariat, archiviste.

Une salle de bibliothèque commerciale et de lecture.

Un trésorier annuellement choisi et rééligible, comptable chaque année envers la Chambre, qui reçoit et vise son compte.

RÉSERVE DES BOULANGERS.

(Voir plus loin, Subsistances.)

21 *Octobre* 1836.

(Proc.-verb., tom. VI, pag. 67.)

Dans la pensée d'ajouter à la garantie de l'approvisionnement, le Conseil Municipal propose d'augmenter la réserve imposée aux boulangers. Un membre, à ce sujet, fait remarquer que moitié de cette réserve sert de gage aux avances faites aux boulangers par les facteurs de la halle aux blés.

(Proc.-verb., tom. VI, pag. 132.)

Suivant lettre du Ministre, du 12 octobre 1836, le gage des facteurs ne repose que sur 15 sacs. La confiscation de la réserve en cas d'interdiction d'un boulanger ou de sa retraite non autorisée, est une simple prescription de police, inexécutable puisque nulle loi ne l'a autorisée.

Voir cette question de la réserve traitée théoriquement à l'article Subsistances, pag. 157.

REVENDICATION.

21 *Vendémiaire* an XII.

(Proc.-verb., Ier vol., pag. 63 à 71.)

Les art. 577; 578 du Code admettent la revendication des marchandises en route, avant leur entrée dans les magasins du failli, ou du commissionnaire chargé de les vendre pour son compte, si elles n'ont pas, pendant leur route, été vendues sans fraude.

La Chambre était d'avis, au contraire, de supprimer toute espèce de revendications, persuadée (quelques favorables aux vendeurs que puissent paraître certains cas d'exception) qu'il est impossible d'en admettre aucune, sans ouvrir une source abondante de difficultés et de chicanes, soit de la part du failli pour éluder la loi, soit de la part des vendeurs pour se faire ranger dans les cas prévus par elle.

ROULAGE.—SES LETTRES DE VOITURE.

22 *Fructidor* an XI.

(Proc.-verb., Ier vol., pag. 54.)

L'usage, dans les lettres de voiture, est de stipuler une réduction du tiers sur le prêt de transport, en cas de retard, sans déterminer la longueur de ce retard. Il en résulte que le voiturier, dès qu'il se voit en retard de 24 heures, ne craint plus de faire attendre beaucoup plus long-temps la marchandise, ce délai prolongé ne l'exposant pas à une retenue plus forte.

Un membre proposait que les délais fussent précisés par le Code avec graduation. La Chambre rejette cet avis, attendu que la loi laisse aux parties la liberté d'énoncer dans leur police toutes les conventions qu'elles jugent à propos.

Février 1808.

Les abus dont on se plaint tiennent à la négligence des commerçans dans les transactions relatives à leurs envois.

La lettre de voiture est un acte dont le Code a déterminé la nature et les effets. Ce contrat doit être libre et synallagmatique.

ROULAGE

PAR RAPPORT A L'ENTRETIEN DES ROUTES.

24 *Février* 1830.

(Proc.–verb., tom. V, p. 115 et suiv.)

Un projet très détaillé sur la police du roulage, préparé par les
soins du Gouvernement, est communiqué à la Chambre pour avoir
son avis. Son préambule constate formellement, de la part de l'administration, que l'établissement des ponts à bascule n'a porté que
des fruits de corruption.

Le rapport de la Chambre traite les deux questions du système
de construction des roues dans la proportion des chargemens
et de l'attelage, et de la police de surveillance qui peut être confiée
à la gendarmerie, ainsi qu'aux employés des contributions indirectes, sous l'autorité des juges de paix et des maires. Ce travail, trop
étendu pour être ici analysé, devra être, le cas échéant, revu dans
son entier; il est déposé aux Archives, carton P. R. S.

SELS. — LEUR ENTREPOT.

21 *Septembre* 1836.

Le Conseil Municipal ayant résolu la suppression de l'entrepôt des
sels créé par la Ville au boulevart Saint-Antoine, entrepôt dont les

produits ne couvrent pas même les frais de sa manutention, M. le Préfet consulte la Chambre sur l'offre faite par le gérant de l'entrepôt de la douane place des Marais, d'en construire à ses frais un autre rue du Carême-Prenant, en face du bassin. Une commission appelle dans son sein ce soumissionnaire et les principaux marchands de sel de Paris. Le vœu de ces derniers se prononce d'abord pour la conservation de l'entrepôt actuel, bien qu'ils se plaignent de la permission octroyée aux conducteurs de sel de faire séjourner leurs bateaux sur la rivière ainsi que des ventes frauduleuses qu'ils opèrent pendant ces jours de planche. Ils objectent également la perte considérable qu'ils auront a éprouver jusqu'à ce que le sol et les murs d'un nouvel entrepôt aient été saturés. En définitive, ils adhèrent aux conditions offertes par le soumissionnaire, qui modère son tarif, pour droit de magasinage et d'une manutention dont tous les détails sont spécifiés, à 60 c. par 100 kilogrammes, réductibles même à 50 cent. si l'on supprime la tolérance des jours de planche. La Chambre approuve elle-même, sur ces bases, l'admission des offres de la Compagnie de l'entrepôt des Marais.

SOCIÉTÉS EN COMMANDITE PAR ACTIONS.

An XII.

(Tom. II, p. 1, 2, 3, 6, 7.)

Avis divers ainsi résumés :

Ces sociétés ne pourront être établies qu'avec l'autorisation du Gouvernement et sur l'avis approbatif de la Chambre de Commerce du lieu de l'établissement ou de la plus voisine de ce lieu, ainsi que du Conseil général de Commerce.

Ces avis seront motivés, tant sous le rapport du but de l'association et de son utilité publique que sous celui des moyens d'exécution.

Les écritures seront tenues en parties doubles, les comptes annuels contiendront l'évaluation exacte de l'actif et du passif de la société, de ses pertes et bénéfices. — Copie en sera fournie à la Chambre de Commerce, *ainsi que les éclaircissemens qu'elle jugera convenable de requérir.*

En cas de perte des deux tiers du capital, la Chambre pourra proposer au Gouvernement de contraindre la liquidation de l'entreprise.

En cas de contravention à la condition pénultième, les gérans seront solidairement responsables des dettes excédant le capital de la société.

(Proc.–verb., tom. IV, pag. 119.)

Examen fait du projet de société anonyme contre la grêle, la Chambre critique : 1° l'étendue excessive de la circonscription qu'il embrasse (vingt départemens); 2° l'excès de la prime exigée pour frais d'administration; 3° *l'inamovibilité trentenaire du directeur-gérant, en violation de l'art.* 31 *du Code de Commerce.*

(Tom. V, pag. 1re.)

Des sociétés en commandite, hors d'état de soutenir leur entreprise, ont projeté de se reconstituer en sociétés anonymes par actions.

Attendu que la formation des sociétés de cette nature suppose l'absence de tout passif, la section du Conseil-d'Etat a proposé d'*éluder* cette difficulté, en retranchant le passif et une somme égale de l'actif social.

La Chambre, par une lettre au Ministre de l'Intérieur, combat ce système comme dangereux : elle expose que l'actif d'une entreprise en activité se compose de valeurs diverses, de créances, par exemple, dont la juste appréciation n'est pas facile, et peut de très bonne foi être exagérée.

Elle pense que, dans ce cas, le Gouvernement, pour ne pas se compromettre à l'égard du public, doit exiger la publicité de la somme du passif et la vérification, par des experts, de la totalité de l'actif.

21 *Août* 1828.

(Proc.-verb., tom. V, pag. 6.)

Le Ministre du Commerce défend le système adopté par le Conseil-d'Etat.

(Pag. 63.)

NOTA. En 1835, le procès du Creuzot justifie d'une manière éclatante les prévisions de la Chambre.

(Pag. 61.)

Au sujet de la Caisse hypothécaire, attendu qu'elle est en liquidation, la Chambre surseoit aux démarches qu'elle avait jugées nécessaires, et qui avaient pour objet : 1° le retrait de l'autorisation accordée à cette compagnie ; 2° la suppression des commissaires du Gouvernement près les sociétés anonymes, par la raison qu'ils engagent le Gouvernement dans une sorte de [responsabilité, sans offrir une garantie suffisante contre les abus de gestion des administrateurs.

Le retrait d'autorisation que la Chambre se proposait de solliciter était motivé : 1° sur ce que le capital est inférieur de deux cinquièmes à la somme fixée par l'ordonnance royale ; 2° sur ce que cette caisse s'est livrée à des opérations étrangères à son institution ; 3° sur le taux extra-légal des prêts auxquels la Compagnie a été autorisée ; 4° sur l'excès des dividendes servis aux actionnaires et pris sur le capital, puisqu'au lieu de bénéfices il y avait perte ; 5° sur ce que l'assemblée générale elle-même n'a pas, plus que les administrateurs, le droit de violer les statuts de l'association.

SOIES FILÉES, BOURRES DE SOIES, FLEURETS.

Interrogée sur la quotité du droit d'entrée dont ces produits doivent être frappés, la Chambre observe d'abord qu'une taxe élevée avec excès ne servirait qu'à favoriser la contrebande de cette nature de marchandise tirée de la Suisse.

Une augmentation du droit existant n'est pas nécessaire, puisque les fabriques de Nîmes sont en pleine activité et n'ont rien d'invendu ; il n'y a défaut d'écoulement que dans les fabriques récemment établies pour la filature de la bourre de soie à la mécanique, parce que la soie y est coupée et rattachée, ce qui produit des nœuds fréquens ou des pluches. On a vaincu même cette difficulté à Essonne.

Les mécaniques qui produisent les numéros fins n'ont point à redouter la concurrence des filatures suisses, dont le travail à la main ne produit que de gros fils.

Les fils fins sont une matière première pour la fabrication des tissus ; il y a donc deux intérêts en présence, et l'un ne doit pas être sacrifié à l'autre.

Les soies de Piémont, qui sont supérieures à celles de la Suisse, et nous sont nécessaires, se trouveraient repoussées.

Nos achats en Suisse sont soldés par des ventes en retour qui nous sont très avantageuses. Ne provoquons pas des représailles funestes à notre agriculture et à nos vignobles, comme l'ont été celles que l'élévation du droit d'entrée sur les bestiaux nous a déjà attirées.

(Proc.-verb., tom. IV, pag. 259.)

Projet de condition des soies à Paris. — Rejeté : si l'établissement est utile l'industrie libre y pourvoiera.

SUBSISTANCES ET DENRÉES DE PREMIÈRE NÉCESSITÉ.

(Proc.-verb., tom. I, pag. 24.)

La Chambre, sans y être amenée par le besoin d'une application immédiate, cherchant néanmoins à se fixer sur des principes qui se rattachent à la plupart des grandes questions d'économie politique et de législation commerciale, met en discussion celle-ci :

« Est-il utile ou désavantageux que les denrées de première né-
» cessité, produits immédiats du sol, soient chères ou bon marché ? »

Leur bas prix avilit les propriétés foncières, décourage la reproduction, diminue le travail du journalier, toujours disposé au repos
si le besoin de subsister ne lui sert d'aiguillon.

Leur cherté fait souffrir la masse des consommateurs non propriétaires, élève le prix de la main-d'œuvre, et nuit dès lors à l'industrie manufacturière.

Entre ces deux écueils est le prix modéré.

Le devoir du Gouvernement est-il de travailler à le maintenir? —
Oui, si la sagesse humaine croit pouvoir suppléer la nature et la Pro-
vidence; non, s'il est vrai que les plaintes contradictoires des propriétaires et des consommateurs tendent sans cesse à l'égarer et à lui
faire rompre l'équilibre; que, dans la recherche même de cet équilibre, obligé de varier sans cesse, parce que les circonstances varient
elles-mêmes, à chaque guerre, à chaque taxation, à chaque récolte,
il ne saurait éviter des erreurs, quelquefois plus graves que les rigueurs
de la nature; qu'en supposant même un gouvernement parfaitement
éclairé sur les besoins réels d'un état, il n'a pas la possibilité d'é-
tendre la même investigation sur les états qui l'entourent, et dont il
ne peut s'isoler sans créer une sorte de guerre sociale.

De cette dernière opinion, qui réunit la majorité des suffrages,
sort la conséquence qu'entre les intérêts opposés dont il s'agit il n'est
qu'un régulateur irréprochable, c'est la liberté illimitée des transactions.

La première application de ce principe consacre la libre exportation des grains, gage d'une abondante reproduction, faveur, si c'en
est une, due à l'agriculture, richesse-mère de l'État.

Et néanmoins plusieurs membres reculent devant la hardiesse de
cette solution, effrayés qu'ils sont des conséquences d'une disette
que le besoin reprocherait à l'imprévoyance, désastre que la mal-
veillance des nations ennemies pourrait elle-même produire, sinon
d'une manière complète, au moins à un degré suffisant pour produire
des convulsions politiques.

Nota. *Le défenseur le plus animé, dans cette conférence, de la liberté
illimitée de l'exportation, affirmait que le tonnage de la totalité de
nos navires de commerce ne suffirait pas à l'exportation, dans le cours
d'une année, d'un jour de subsistance de notre population.*

RÉSERVE CRÉÉE PAR LA VILLE DE PARIS.

9 *Mars* 1825.

(Proc.-verb., tom. IV, pag. 206.)

Rapport d'une commission.

Elle reconnaît en principe le vice du système des réserves administratives, qui rendent le Commerce impossible ; mais l'abolition de celle de la Ville de Paris ne peut être brusquée : elle perdrait énormément en revendant à bas prix des farines qu'elle a payées fort cher; 250,000 quintaux métriques jetés inopinément sur le marché ruineraient les cultivateurs, qui, pour payer leurs fermages et l'impôt, n'ont d'autre ressource qne la vente de leur blé.

Ainsi : 1° la réserve doit être maintenue, puisqu'elle existe, jusqu'à ce qu'une moindre abondance ait fait remonter le pain au prix de 16 sous; 2° cette époque arrivée, la réserve serait exclusivement employée à la subsistance de la classe nécessiteuse, dont le nombre, en temps de disette, peut être évalué de 225,000 à 250,000 âmes ; la classe aisée supporterait toute l'augmentation produite par la faiblesse de la récolte; 3° liberté immédiatement rendue à l'exercice de la profession de boulanger, sauf les réglemens de police que cette profession exige, et au nombre desquels on admet l'obligation d'un approvisionnement constant pour deux mois, du débit habituel de la boutique, ainsi que la défense de cesser le commerce sans un avertissement préalable de deux mois; 4° la suppression de la réserve et le mode de cette suppression seront proclamés pour créer, dès le moment même, un commerce de spéculation fondé sur la consommation des deux tiers au moins de la population de la capitale; 5° le produit de la vente de la réserve sera en tout ou en partie appliqué à la formation d'une caisse d'économie et d'accroissement destinée à fonder un atelier de travail et des secours en numéraire, à l'époque des disettes, qu'il faut prévoir.

Un membre croit impossible que le Commerce ne se méfie pas des terreurs de l'Administration et du public, et qu'il se hasarde dans des spéculations fondées sur des institutions révocables.

L'écoulement de 250,000 quintaux métriques, dans son opinion, devrait n'avoir lieu qu'en quatre ou cinq années.

La distribution à bas prix, en faveur des nécessiteux, attirerait à Paris tous les indigens d'un rayon plus ou moins étendu. Le même membre regarde comme illusoire la réserve de deux mois imposée à chaque boulanger.

La première des six conclusions du rapport est adoptée à l'unanimité, moins une voix.

La deuxième est adoptée également, malgré la proposition de substituer des secours en argent à la distribution de pain aux nécessiteux, dont la liste serait difficile à dresser. On y réplique que pour des secours d'argent ou de subsistances la difficulté de formation des listes est la même.

La troisième, l'illimitation du nombre des boulangers, est unanimement adoptée. Quant à la réserve qui leur est imposée, un membre proposait qu'elle ne fût exigée qu'en mai, c'est-à-dire trois mois avant la récolte, après laquelle il serait libre de la laisser écouler.

4° L'administration de la police pourra continuer de réglementer ce commerce, mais sous diverses conditions, dont les suivantes sont admises par la majorité :

« Défense à tout boulanger de cesser son commerce sans un avertissement préalable de trois mois. — Obligation d'entretenir un approvisionnement égal en masse à la consommation présumée d'un trimestre. — Obligation d'emmagasiner dans des dépôts publics l'excédant de la consommation courante. »

5° Le gouvernement, par une proclamation, annoncera au commerce français et étranger la résolution irrévocable de ne jamais s'immiscer dans l'approvisionnement des blés pour aucune partie du royaume, et de n'en jamais taxer le prix dans quelque circonstance que ce soit.

6° Le fonds consacré à la réserve de Paris sera, dans la proportion nécessaire, appliqué à la création d'un fonds d'économie et d'accroissement, applicable à des ateliers de travail et à des secours en numéraire à la classe nécessiteuse en temps de cherté.

7° La taxe du pain, vivement combattue, est pourtant consentie dans les termes suivans : « Il sera dès-à-présent, et par les soins de

» l'administration municipale, rédigé et publié un tableau destiné à
» établir les rapports qui existent entre la valeur du pain fabriqué
» à là manière ordinaire de Paris (frais de fabrication compris), et
» la valeur moyenne des farines. »

» Ce tableau sera dressé sur une échelle progressive du prix des
» farines, depuis 45 jusqu'à 80 fr.

» A l'avenir et constamment l'administration municipale fera
» chaque semaine publier et afficher, dans tous les quartiers de Paris,
» un extrait des mercuriales constatant le prix moyen des farines
» pendant la semaine précédente, présentera en regard le prix du
» pain ordinaire, qui correspond à ce prix moyen, et que les boulan-
» gers ne pourront dépasser.

» La taxation du poids du pain de fabrication ordinaire continuera
» d'être fixée par les ordonnances de police. »

8° La fabrication du pain de luxe et de poids inférieur à deux
kilos ne pourra être prohibée, et subira tout le renchérissement que
la rareté des blés produit dans un commerce entièrement libre.

(Proc.-verb., tom. V, p. 377.)

Dans des tableaux statistiques adressés à la Chambre par M. Mil-
lot, et qui sont conservés dans la bibliothèque, la Chambre a surtout
été frappée d'un travail d'après lequel il paraîtrait que nos importations de grains et farines, comparativement à nos exportations (y
compris nos envois aux colonies), offrent un déficit de 10,946,122 quintaux en quarante-cinq années, équivalant à 243,247 quintaux par
année.

SUCRES.

3 Décembre 1828.

(Proc.-verb., tom. V, pag. 31.)

La Chambre, à l'unanimité, vote le maintien du tarif existant sur
les sucres des colonies :

1° Parce qu'il faut ne pas détruire la fabrication des sucres indi-

11

gènes, ressource précieuse si la guerre éclatait ; 2° parce qu'il est au moins douteux que la réduction de ce droit fût couverte par un accroissement de productions ; 3° parce que nulle taxe nouvelle à l'intérieur ne pourra couvrir le déficit de perception que nos douanes éprouveraient par cet abaissement du tarif.

La Chambre vote aussi l'uniformité de la taxation des sucres étrangers, malgré l'inégalité de leur qualité, parce que l'équilibre est rétabli par l'inégalité des distances.

La question réduite en chiffres est envisagée sous des points de vue différens.

Quelqu'onéreuse que soit à la métropole la surtaxe des productions de l'étranger, prononcée dans la vue de favoriser nos colonies, il est essentiel de n'y point introduire des changemens brusques : il faut même ne toucher qu'avec une extrême réserve au régime colonial.

Il est palpable que ce système ne pourra se maintenir après l'affranchissement complet des Amériques ; mais un système quelconque veut être combiné dans son ensemble, et non disloqué en détail.

La Chambre, en conséquence, conclut au maintien du droit actuel sur le sucre de nos colonies, et à la taxation des sucres étrangers sur le pied de 80 fr.

11 *Janvier* 1833.

(Proc.-verb., tom. V, pag. 307.)

En séance d'enquête où siègent MM. Bayvet, Baquesne, Bouvet et Guillon, consultés par la Chambre, trois questions sont posées :

1° Quelle peut être, dans l'intérêt combiné du Trésor, des consommateurs, de nos colonies et de notre navigation, la réduction des droits actuellement en vigueur ?

2° Quelle proportion doit être établie entre les nouveaux droits suivant leur qualité et leur provenance ?

3° Quel délai doit être fixé pour la mise à exécution de la loi projetée, particulièrement en ce qui concerne l'abolition de la prime d'exportation ?

MM. Baquesne et Bayvet proposent : le premier, une réduction sur le tarif d'entrée, qui ferait descendre à 32 fr. 25 c. le droit actuel de 45 fr., et néanmoins pourrait rendre encore à l'État un produit de 34,787,000 fr.; le deuxième, M. Bayvet, propose la réduction à 40 fr. seulement, décime non compris. Sur cette base, le produit probable semble devoir s'élever à 37 millions.

Les quatre commissaires s'accordent à demander pour l'avenir des réductions graduelles.

L'inconvénient grave de l'instabilité de la législation, surtout en matière de commerce, fait rejeter cette dernière proposition.

Le produit du chiffre de 44 fr. suffira-t-il? Plusieurs membres le pensent, confians dans l'accroissement de la consommation, qui déjà tend à devenir générale, et dans la réduction des bénéfices de la fraude.

Un membre pense au contraire que la population ne consacrera à cette consommation que la somme qu'elle y emploie annuellement. Il fait remarquer que le droit, bien que considérable, n'est qu'un accessoire au prix intrinsèque de la denrée et de ses frais de transport.

La deuxième question, celle de la proportion des diverses taxes, se représente combinée avec celle de la taxation des sucres indigènes.

Nos colonies, dit un membre, avec peine soutenues contre le renchérissement des esclaves par les taxes différentielles et par les crédits énormes qu'elles ont obtenus de la métropole, doivent nous échapper tôt ou tard. La culture du sucre n'est plus pour elle en quelque sorte qu'une industrie factice : n'attendons pas que l'événement prévu éclate comme une catastrophe.

Il importe donc d'apprécier la ressource que pourront offrir les sucres de betterave frappés d'abord d'un léger droit.

D'autres membres comptent peu sur cette production, dont les succès, jusqu'à présent médiocres, leur paraissent n'avoir eu d'autre base que la part qu'ils ont prise à la prime d'exportation.

La taxe de 5 fr. proposée sur ces sucres est dès lors écartée, et le droit de 40 fr. sur les sucres coloniaux est adopté comme type.

Ici se présente la question des taxes graduées d'après les natures et qualités.

L'ancienne distinction des sucres bruts et terrés a cessé d'être rationnelle depuis que le perfectionnement des procédés de fabrication a fait obtenir, d'un premier feu, des sucres presque blancs ; c'est dès lors, d'après la quantité de matière cristallisable qu'ils renferment, que les sucres doivent être rangés. M. Bayvet propose de les diviser en trois classes ; mais comment (observe-t-on) appliquer une sorte de *titre* à une denrée dont nul instrument ne peut constater le degré ?

Deux classes seulement semblent pouvoir être adoptées, non comme parfaites, mais comme les moins fautives.

La première comprendrait tous les sucres bruts autres que blancs, sans distinction de fabrication ; la deuxième, supérieure, comprendrait les sucres *blancs* de toute fabrication ou *terrés de toutes nuances*.

La graduation actuelle des droits serait maintenue. Ainsi, en partant du chiffre 40, les sucres étrangers de la classe inférieure seraient tarifés à. 70 fr.

Les sucres blancs ou terrés de nos colonies à. . 70 fr.

Ceux de l'étranger à. . . . . 105 fr.

avec une réduction de 15 p. °/₀ en faveur de l'île Bourbon, en raison de son éloignement.

La prime d'exportation des cassonades devrait être maintenue.

Un délai moral est aussi nécessaire; on le réclame de quatre mois.

La justification des quittances de droit d'entrée des sucres étrangers doit seule être exigée, puisque seuls, d'après leur moins-value (droit en dehors), ils peuvent être réexportés.

Substituer une surtaxe à la prohibition d'importation des sucres par navires étrangers.

Telle circonstance peut surgir qui ne laisserait pas d'autres moyens d'approvisionnement.

Après le départ des négocians consultés, la Chambre résume ainsi sa propre délibération à transmettre au Gouvernement:

Nul vœu n'a été entendu pour le maintien d'une prime qui a coûté à l'Etat d'énormes sacrifices.

Les sucres n'étant pas d'une nécessité absolue, sont essentiellement imposables, mais dans une proportion qui n'en restreigne pas la consommation.

La réduction du droit sera compensée : 1° par les progrès de la consommation ; 2° par la réduction du drawback; 3° par un moindre appât à la fraude.

Le tarif est ainsi voté par la Chambre, décime non compris.

Sucres bruts autres que blancs sans distinction de fabrication.	Des colonies françaises de l'Atlantique...	40 f.
	Des colonies françaises orientales........	34
	Des colonies étrangères...............	70

Sucres blancs, de toutes fabrications ou terrés de toutes nuances.	Des colonies françaises de l'Atlantiqne ...	70
	Des colonies françaises orientales........	60
	Des colonies étrangères...............	105

Maintien de la prime d'exploitation des mélasses inhérente au système établi pour les rapports de la métropole avec ses colonies.

Délai moral (quatre mois) pour la mise à exécution du nouveau tarif.

Justification des quittances d'entrée exigible seulement à l'égard des sucres les plus imposés.

Remplacement de la prohibition d'importation par navires étrangers par une taxe suffisamment protectrice de notre navigation : telles circonstances politiques peuvent surgir qui compromettraient l'approvisionnement sous le régime de prohibition absolue des pavillons étrangers.

TABACS.

(Proc.-verb., tom. I, p. 93,101.)

Délibération sans objet depuis le privilége de la fabrication.

Juillet 1828.

(Proc.-verb., tom. III, p. 259.)

Strasbourg sollicitant vivement l'abolition du privilége, la Chambre ne croit pas possible d'adhérer à ce vœu, quelque conforme qu'il

soit à ses principes commerciaux, à son éloignement pour toute espèce de monopole.

L'urgence des besoins du Trésor et le peu de probabilité d'obtenir
un produit égal, au moyen des licences, lui commandent de passer
à l'ordre du jour.

TARES ET USAGES.

(Proc.-verb., tom. IV, p. 180.)

Le tableau des tares et usages de la place de Paris, rédigé et revu
de temps à autre par MM. les courtiers de Paris, avant de recevoir
la sanction ministérielle, est soumis à la Chambre de commerce; elle
pose en principe qu'elle n'y donne son approbation que dans ce sens
qu'il énonce fidèlement les *usages actuels* du commerce, et avec cette
réserve qu'il ne peut ni doit être considéré comme réglémentaire,
puisque ces usages sont essentiellement variables, et n'enchaînent
point la liberté des conventions entre les parties.

TIMBRE DES EFFETS DE COMMERCE.

14 *Décembre* 1836.

(Proc.-verb., tom. IV, p. 143, 147.)

Le produit du timbre des effets de commerce s'atténuant de plus
en plus, le Ministre, pour y remédier, propose l'adoption de la loi anglaise, qui refuse l'appui de la loi à tous effets non timbrés.

Dans une première séance, un membre, comme rapporteur, exprime la confiance que les contraventions, fort rares dans la Banque,
seraient beaucoup moins fréquentes dans le commerce si le droit
devenait proportionnel et gradué ainsi qu'il suit : 5 c. pour 100 fr.;
— 10 c. pour 200 fr.; — et ainsi de suite jusqu'à 25 c. pour 500 fr.

L'impôt ainsi réduit ne serait plus guère, aux yeux du Commerce, qu'une prime de sécurité, nul ne la négligerait dans les temps de crise, qui multiplient les besoins d'escompte à la Banque, laquelle n'admet que les effets timbrés. La commission propose aussi d'augmenter le nombre des bureaux de distribution.

Elle fait observer qu'en Angleterre le timbre ne frappe que sur les effets internationaux ou tirés sur l'étranger, et que si nous grévons d'un droit les effets tirés par l'étranger, il ne tardera pas à user de représailles.

Un membre exprime le doute que les tribunaux de commerce consentent à invalider, dans un intérêt purement fiscal, des transactions consommées de bonne foi entre les parties.

21 *Décembre* 1836.

(Page 87.)

A la suite d'une discussion qui fait éclore divers systèmes tendant à relever le produit de l'impôt sans adopter la loi anglaise, la Chambre adopte les moyens ci-après :

1° Augmentation considérable des bureaux de distribution de papier timbré dans les principales villes du royaume, surtout à Paris ; l'ouverture de ces bureaux à toutes les heures où les boutiques et magasins sont ouverts ;

2° Création de quatre nouveaux timbres proportionnels et gradués, à raison de 5 centimes pour 100 fr., depuis 5 jusqu'à 25 c. ;

3° Faculté accordée aux bénéficiaires de faire timbrer, sans amende, les effets dont il sont porteurs, dans les dix jours de leur création.

4° Addition au quatrième paragraphe de l'art. 163 du Code de commerce, d'une disposition qui annule la prescription du *retour sans frais*, fréquemment énoncée sur le titre, par les souscripteurs ou les endosseurs ; addition qui serait ainsi libellée : *ni par aucune injonction contraire qui pourrait se trouver écrite sur le titre.*

TONTINES.

Proc.-verb., tom. Ier, pag. 85, 103, 104.)

La Chambre, outre l'inconvénient de détourner les fonds, créés par l'économie, de l'emploi que leur offrent le commerce, la Banque de France, etc., estime que les tontines, la plupart du temps conçues et organisées dans l'intérêt des entrepreneurs et gérans, beaucoup plus que dans celui du public, ne doivent obtenir d'autorisations qu'à la charge d'un cautionnement garant des vices de gestion.

TRAITES DE COMMERCE. — RETOURS ET ÉCHANGES.

(Proc.-verb., tom. IV, pag. 259.)

Le rechange, pour renvoi à l'étranger de traites protestées, par qui doit-il être déterminé ? Le Code de commerce ne statue pas à cet égard.

Comment sera-t-il établi lorsque le retour a lieu sur des places où le cours n'est pas coté ?

Une commission est chargée d'en conférer avec le syndicat des agens de change.

De cette conférence il résulte que le syndicat, pour y parvenir, ne croit pas nécessaire de solliciter une addition à ses réglemens; et qu'en cas de difficultés, il consulterait la Chambre. La question est, en conséquence, indéfiniment ajournée.

TRAITÉS DE COMMERCE AVEC L'ÉTRANGER.

(Proc.-verb., tom. III, pag. 96.)

A l'occasion des projets de main-levée d'un grand nombre de prohibitions établies sous les précédens Gouvernemens, la Chambre se prononce formellement contre les traités de commerce, et émet le vœu que le Gouvernement demeure constamment libre de modifier la législation maritime et commerciale, selon les circonstances, les besoins et les mesures qu'adopteront nos voisins.

Janvier 1821.

(IVᵉ vol., pag. 63.)

Au seul bruit répandu d'un projet de traité de commerce avec l'Angleterre, la Chambre peint au ministère l'effroi que cette nouvelle a semé dans le commerce ; et citant l'exemple de l'état de misère où la Grande-Bretagne a réduit le Portugal, déclare que la dernière puissance avec laquelle on puisse s'engager dans une telle voie est celle qui, en échange de nos produits agricoles, n'a rien à nous offrir que les fruits d'une industrie à laquelle nous prétendons nous-mêmes, et qui déjà chez nous a absorbé d'immenses capitaux.

(Tom. IV, pag. 285.)

A l'occasion d'un rapport au Roi, communiqué semi-confidentiellement par M. de Saint-Cricq, la Chambre reproduit la même pensée, que tous actes de navigation, tous traités de commerce qui nous enchaîneraient à l'égard des puissances étrangères, et nous ôteraient la faculté de modifier nos dispositions au gré des besoins variables de notre agriculture, de notre commerce et de notre industrie, doivent être soigneusement évités, quelque avantage que momentanément ils semblent offrir.

TRAVAUX PUBLICS.

Un réglement sur le salaire des architectes chargés des travaux publics, dispose que le droit de commission qui leur est alloué est limité par un maximum annuel : en sorte qu'au lieu de les exciter à l'activité, cette disposition crée pour eux un intérêt à éterniser l'exécution des entreprises dont la conduite leur est confiée.

TRÉMATAGE SUR LA BASSE-SEINE,

DE PARIS A L'EMBOUCHURE DE L'OISE.

27 *Janvier* 1826.

(Proc.–verb. , tom. VI.)

La Chambre demande que le droit de trématage au profit de la navigation accélérée, soit limité à une heure pour les distances entre les ponts nombreux qui existent et se multiplient sur la Seine, entre Paris et l'embouchure de l'Oise.

TRIBUNAL DE COMMERCE DE PARIS.

(Proc.–verb. , tom. IV.)

La Chambre soumet au Ministre un vœu tendant à ce que des médailles soient décernées à MM. les membres du tribunal de commerce sortant d'exercice.

Le Ministre répond par un refus dont la Chambre se trouve blessée; elle y réplique le 8 août suivant.

(Proc.-verb., tom. V, pag. 178.)

La nature des affaires commerciales exigeant le jugement le plus expéditif des contestations auxquelles elles donnent lieu , la Chambre demande qu'elles obtiennent en cour royale un tour de faveur.

Le 1ᵉʳ septembre le Ministre annonce que la Cour royale a établi, dans chacune de ses chambres, un rôle particulier pour les appels en matière de commerce.

(Proc.-verb., tom. V, pag. 456.)

Considérant combien il importe que le choix des membres du Tri-

bunal de Commerce ne soit pas livré aux combinaisons de quelques
coteries peu nombreuses, mais qu'il soit au contraire le résultat du
vœu du plus grand nombre possible des notables appelés à y concourir, la Chambre prie M. le Préfet de vouloir bien faire imprimer sur
les lettres de convocation un avis portant : que les notables qui
pendant deux années consécutives, et sans justes motifs d'excuse,
auront négligé de remplir ce devoir, cesseront d'être inscrits sur les
listes suivantes. Pour l'exécution de cette mesure, la liste des notables qui auront concouru à l'élection devra être communiquée au tribunal et à la Chambre de commerce.

VAISSEAU LE COMMERCE DE PARIS.

5 *Prairial an XI.*

(Proc.–verb., tom. Ier.)

A la rupture du traité d'Amiens, la Chambre délibère de convo-
quer le commerce et de lui soumettre le vœu d'un vaisseau de 120 ca-
nons à offrir à l'état sous le baptême de *Commerce de Paris.*

7 *Prairial.*

Cette proposition est accueillie par acclamation du commerce as-
semblé au local de la Bourse : un membre du tribunal exprime
l'adhésion de son corps.

La dépense est évaluée à 1,893,000 , dont la perception sera faite
au moyen de l'addition d'un décime par franc au droit fixe des patentes. M. Rousseau en est nommé trésorier; la perception confiée d'a-
bord à quarante-huit négocians, plus tard est remise aux percepteurs
des contributions, qui s'en chargent sans frais.

VENTES PUBLIQUES DE MARCHANDISES PAR LE MINISTÈRE DES COURTIERS.

(Proc.-verb., tom. Ier, pag. 28, 31, 87.)

Mis en délibération, le principe des ventes publiques de marchandises par le ministère des courtiers est combattu par les argumens suivans :

« Il peut en résulter des ventes à vil prix, des fraudes, la ruine de maisons établies; les fraudes redoutées seront d'autant plus difficiles à prévenir et réprimer, que, même sous le régime des corporations, elles échappaient à la surveillance des syndics. »

On répond que « partout se glissent des abus; mais qu'ils sont sans nombre et sans remède dans les ventes clandestines, qu'il est urgent de régulariser.

» Que ces ventes sont recommandées par l'exemple de tous les pays où elles sont usitées; qu'elles facilitent l'écoulement des marchandises avariées ou hors de mode ; qu'elles sauvent des usuriers le négociant pressé par un besoin momentané ; que rendre le débit plus prompt et plus assuré, c'est appeler la marchandise et faire fleurir le marché. »

La Chambre admet le principe et énonce comme nécessaires les bases de réglement suivantes :

«Admission des courtiers au droit d'opérer les ventes publiques de denrées et marchandises pour compte et par ordre des patentés de Paris.

» Déclaration préalable au greffe du Tribunal de Commerce.

» Garantie à fournir relativement à la propriété.

» Dépôt de l'ordre de vente et d'une facture détaillée.

» 1,500 f. d'amende en cas de contravention, et destitution pour la récidive.

» Impression de catalogues de vente par lots, qui ne pourront-être moindres de 2,000 f.

» Publicité des conditions de vente et de paiement.

» Crieur assermenté devant le tribunal.

» Signature immédiate par les acquéreurs ; et s'ils sont courtiers, obligation de désigner de suite leurs commettans par leurs lettres initiales, et de les faire connaître dans quarante-huit heures.

»Revente à folle-enchère, sur simple sommation, à défaut de paiement.

» Voie d'arbitrage homologuée par le tribunal, seule ouverte aux contestations relatives à ces ventes.

» Les marchandises adjugées à un courtier resteront pour son compte en cas de désaveu de son commettant, sauf son recours. La revente n'aura lieu qu'en vente publique.

» Le droit d'enregistrement réduit à 25 cent. pour 100 fr. brut, 1 fr. par 1,000 fr., à verser à la société philantropique ;

» Honoraires du greffe réglés, amendes et restitutions prononcées par le Tribunal de Commerce. »

(Proc.-verb., tom. III, pag. 222.)

Insistance pour la modération du droit d'enregistrement. La Chambre vote un quart pour %.

(Proc-verb., tom. I, pag. 73.)

Nouvelles sollicitations : citation de l'exemple de l'Amérique du nord.

Lois et ordonnances rendues, 1812, 1818.

(Tom. VI, pag. 114.)

M. le Président du Tribunal annonce qu'il a refusé à des marchands de cuirs de Paris l'autorisation de faire vendre deux fois par semaine par le ministère des courtiers, et à un courtier celle de vendre des toiles peintes dans un local loué à cet effet.

La Chambre l'en remercie. Du reste, la question de ces ventes a été jugée, et en sens contradictoire, par deux Cours royales ; il faut dès lors attendre le jugement de la Cour régulatrice, et étudier ensuite les réformes dont la loi actuelle peut être susceptible.

VIDANGE DES EAUX-DE-VIE A L'ENTRÉE DE PARIS.

(Proc.-verb., tom. I, pag. 37.)

Pour faire constater à l'entrée de Paris la vidange des eaux-de-vie, il fallait une autorisation de la régie, qui pouvait refuser.

La Chambre décide que M. le Préfet sera prié d'ordonner que les vidanges d'eaux-de-vie arrivant par terre seront toujours, et sans démarche préalable, constatées, si elles excèdent la déperdition ordinaire et habituelle résultant du transport, nulle déduction ne pouvant être réclamée pour ce vide léger auquel le propriétaire peut remédier par un remplissage avant l'introduction, ce qui ne laisse dès lors qu'une pièce en vidange.

VINS.

DROITS DONT ILS SONT FRAPPÉS ET MODE DE PERCEPTION.

(Proc.-verb., tom I, pag. 124.)

Les droits assis sur les vins sont-ils payés par le consommateur ou retombent-ils sur le propriétaire? S'ils retombent sur ce dernier, ne découragent-ils pas la production? Opinions émises.

En thèse générale, si la denrée est de première nécessité, la demande diminuera peu, parce que le consommateur sacrifie des jouissances à un véritable besoin. Si, comme le vin, elle n'est que de nécessité secondaire, le consommateur graduera sa dépense sur ses ressources, mésoffrira ou réduira sa consommation. Dans l'un et l'autre cas, perte pour le cultivateur ou réduction de culture. Aussi, lors de la suppression des aides, le vin n'a point baissé et la culture de la vigne a fait d'immenses progrès.

Ces droits, dits indirects, sont donc une véritable surtaxe foncière, sauf cette différence qu'ils frappent sur des produits réalisés, et non sur de simples espérances ; mais on peut prédire qu'ils feront abandonner la culture de la vigne dans toutes les terres d'un médiocre rapport.

La Chambre vote pour qu'il soit posé en principe :

Que le droit n'est dû qu'à la première vente ; qu'il est dû par l'acquéreur, mais sous la garantie exclusive du vendeur, tenu de l'acquitter si le vin ne se retrouve plus au récollement de l'inventaire ; que cet inventaire terminé, le vin doit circuler librement, sans être sujet à aucune inspection pendant onze mois au moins, le douzième mois étant retranché pour l'opération des inventaires.

(Pag. 86.)

Sur cette dernière disposition, néanmoins, la Chambre prononce l'ajournement indéfini.

VINS A L'EXPORTATION.

(Pag. 124.)

Pour soutenir la concurrence de nos vins vendus à l'étranger, on demande la restitution, à leur sortie, des droits qu'ils ont acquittés.

Ils sont une prime au profit de nos concurrens des autres pays à vignobles.

FIN.

www.ingramcontent.com/pod-product-compliance
Lightning Source LLC
Chambersburg PA
CBHW072239270326
41930CB00010B/2186